高中生物实验教学创新与实践

王更强 等 著

东北师范大学出版社

长 春

图书在版编目（CIP）数据

高中生物实验教学创新与实践 / 王更强等著. — 长
春：东北师范大学出版社，2019.10
ISBN 978-7-5681-6338-5

Ⅰ.①高… Ⅱ.①王… Ⅲ.①生物课－实验－教学研
究－高中 Ⅳ.①G633.912

中国版本图书馆CIP数据核字（2019）第284793号

□策划创意：刘　鹏
□责任编辑：汪　明　　　　　□封面设计：姜　龙
□责任校对：刘彦妮　张小娅　□责任印制：张允豪

东北师范大学出版社出版发行
长春净月经济开发区金宝街 118 号（邮政编码：130117）
电话：0431-84568115
网址：http://www.nenup.com
北京言之凿文化发展有限公司设计部制版
廊坊市金朗印刷有限公司印装
廊坊市广阳区廊万路 18 号（邮编：065000）
2022年6月第1版　2022年6月第1次印刷
幅面尺寸：170mm×240mm　印张：15　字数：290千

定价：45.00元

在实验中找到人生支点

这是一本来自高中生物教学一线的创新和实践记录，它纯朴、生动、丰满、新鲜。

从这本书中我发现，实验教学是发挥教师主导性和学生主体性的最佳途径，通过科学的程序训练，学生在实验的每个环节中观察、推理、想象和体验各种问题、障碍、挫折及挑战，最终收获的是探索的快乐和成长的智慧！创新开发实验教学内容引导学生在做中学、在学中做，实现高中生物实验教学的"场域之变、理念之变、质性之变"，实现从育分走向育人、从体验走向创造的目标。让学生从实验中找到生活的亮点、知识的立点，乃至人生的支点。

我特别感兴趣的是这本书中的"创新"理念和实践探索。王更强老师和他的同仁们扎根基础教育教学工作的基层，以高中生物实验教学创新为载体，构建了"一条主线，三个层次"的实验教学目标体系，创建了"自主、合作、探究"的实验教学新模式，创设了多种评价量表，创新了实验教学评价，形成了原创性的创新实验教学理论。他们创新、设计、开发"图表式"学案，将STEAM教育的先进理念和方法融入高中生物实验教学，开设生物实验微课程，实施生物实验的高效教学。他们整合各种实验资源，设计开发了30多个课外生物实验。在创新实验内容的选择上，凸显了生物实验教学的趣味性、体验性、实践性、开放性和创新性。多年来，他们不急不躁，以真实的心态、朴素的信念，一次次地摸索，积累成了今天这本书的成果，给了我们观察中小学基础教育改革，特别是中学生物教学改革的一个精彩的样本。在这里，我要对他们取得的成就表示祝贺，对他们拥有的智慧和付出的努力表示感谢！

我相信，我们的生物实验教学一定能走出一条智慧、幸福的大道，在王更强老师专业、智慧和勤奋精神的引领下，一定会有更多卓越的人才成长起来！

华南师范大学生命科学院　李娘辉

2018年12月17日

适性求是、成人幸福

自1990年《世界全民教育宣言》宣告"幸福"是教育的终极目标以来，"幸福教育"已成为全球教育共识，并在全世界掀起了教育改革的潮流。

我们认为教育是"立己达人""成人之美"的幸福事业。因此，我们顺天应时，提出"办一所让人幸福成长的学校"的办学目标，探索"适性求是、成人幸福"的幸福教育实践模式，旨在为教育者和学习者打下这样的基础——有理解幸福的思维，有创造幸福的能力，有体验幸福的境界，有奉献幸福的人格。这是一项具有系统性、层次性、长期性和复杂性的大工程，在理想情怀、严谨作风和求实创新精神外，就是长期、细致地实践。

为此，我们在营建幸福校园文化、建设幸福课程课堂、成就幸福人生等方面，进行了富有成效的校本化探索。其中，基于教育观念和课程建构两大关键要素，我们构建了以"Happy——幸福"为总纲的"'5H'幸福课程体系"，即Health（生命健美）——身心的欢歌；Head（博雅智能）——智慧的火花；Hand（生活技能）——劳动的快乐；Heart（心灵道德）——美德的光芒；Help（社会协作）——服务与共享。

高中学习的本质是身心修炼，即积淀人生智慧和奠定道德基础，这个过程充满了心智成长的快乐。当教师以最纯朴、最敏锐、最真诚的情怀去对待每个学生时，学生是幸福的；当学生能够敞开封闭的心扉，向教师表达自己的欢喜、快乐、兴奋、欣慰时，教师是幸福的；而当师生把幸福、教育与生活统一起来，在自我超越中共同成长时，学校是幸福的。

王更强老师编著的《高中生物实验教学创新与实践》，既是他十多年对高中生物实验教学进行探索与创新的成果结晶，也是我校"适性求是、成人幸福"教育的一大成果。本书提出了教师创新实验教学的方法与策略、创新开发高中生物实验、创新拓展教材实验、创新开发野外生态考察实验、创新开发家庭厨房实验室微课程、创新开展STEAM特征的生物实验和科技活动，促进了高中生物实验教学从育分走向育人、从参与走向体验、从体验走向模仿、从模仿走向创新。

把这些追求幸福的足迹、过程记录下来，就是"适性求是、成人幸福"校园幸福丛书，它们寄托着我们所有的教育梦想和希望，浸透着我们所有的教育历程和辛勤付出，更传承着我们这所学校的精神！

我们期望所有的学生和教师能够在自由的生命成长中体验欢乐、享受幸福，让学生在校能幸福学习，离校会追求幸福，让学生于现在感知幸福，于未来懂得实现幸福，让教师的教育教学工作浸润在幸福中，让教师的教育生涯充满幸福。

东莞市第一中学　熊盛才

2019年1月

　　高中生物学是一门实验性很强的自然学科，生物学学科核心素养是高中生物课程教学的价值追求和目标，是公民基本素养的重要组成之一，实验教学是学生在解决真实情景中的生物学问题时所表现的必备品格和关键能力。为了提高学生的科学探究能力和创新能力，我们长期坚持创新高中生物实验教学的探索和研究。创新是事物发展的源泉，只有不断创新，社会才能进步。基于这种认识和多年的高中生物实验教学经验的积累，结合当前颁布的《普通高中生物学课程标准（2017年版）》的要求，我们组织编著了这本书，力图体现高中生物实验教学的特点和精华，力求从不同的角度和环节对高中生物实验教学理论和教学实践进行探索和创新，以便有效地指导高中生物实验教学，提高教学质量，希望体现出实用的指导性和理论的创新性。本书既可以作为高等院校生物学专业的学习指导书，又可以作为相关科研单位、中小学教师以及学生用来学习的参考书。

　　本书的编写人员分工如下：上篇中的第一章、第二章、第三章、第四章和下篇中的第一章、第三章由王更强撰稿，下篇中的第二章由彭卫撰稿，第四章由欧品质撰稿，第五章由林书娴撰稿，第六章由曹峰华撰稿，全书由王更强统稿。

　　感谢东莞市第一中学对本书出版的大力支持。书中的部分插图及内容参考了相关的文献，在此一并表示感谢。我们的经验和水平有限，疏漏之处在所难免，真诚地恳请读者给予批评指正。

东莞市第一中学　王更强

2019年1月

目录

上篇　创新高中生物实验教学理论

下篇　创新开发高中生物实验的实践

上 篇

创新高中生物实验教学理论

第一章 高中生物实验教学基本理论

生物学核心素养是学生在解决真实情境中的生物学问题时所表现的必备品格和关键能力。高中生物实验教学是培养学生实验操作能力，启迪学生创新意识，提高学生创新能力的重要途径。教师只有不断加强高中生物实验教学理论的研究，深入学习高中生物实验教学的基本理论，才能发挥实验教学的作用。

第一节　高中生物实验教学目标

教学起始于目标，并为实现目标而进行全部教学活动；目标又是教学的归宿，因为教学效果的评价是以目标为依据的。我们只有明确了实验教学的目标，才能科学地进行生物实验教学的设计。在进行每个实验教学之前，教师必须深刻地理解实验教学的各级目标，并将其贯穿教学过程的始终。

《普通高中生物学课程标准（2017年版）》对学生生物实验技能方面只给出了描述性的指导原则，并没有根据学生的认知水平和规律进行具体化。目前，还没有人对学生实验技能训练和发展的目标进行全面的提炼和整理，形成相应的目标体系。所以我们构建了"一条主线、三个层次"的实验教学目标新体系（见图1-1-1-1），形成以能力培养、素质提高为主线，从基本技能训练、综合探究实验和创新设计实验三个层次实施实验教学，坚持以基于方法观传授知识、基于过程观培养能力、基于综合性提高创新意识为核心的实验教学理念，从而提高学生的实践能力和创新能力。

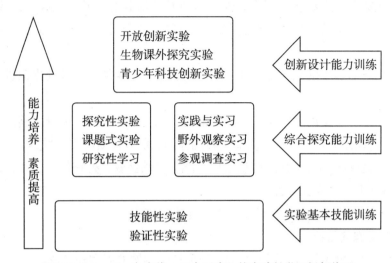

图1-1-1-1 "一条主线、三个层次"的实验教学目标新体系

根据《普通高中生物学课程标准（2017年版）》，结合生物实验教学的实际，我们全面整理和细化了高中生物实验教学的总目标，形成了生物实验教学的三维目标体系。认知目标强调的是知识的基础性、综合性、应用性；技能目标侧重培养学生提出问题的能力、获取信息的能力、探究能力和创新能力；情感态度目标则注重科学价值、科学态度等的培养。具体目标如下：

1. 认知目标

（1）通过实验培养，学生能够创造性地学习、理解和掌握基础知识，并将之迁移运用。

（2）学生能够利用从多种渠道获得的知识信息，按照自己的思路重新组合，形成一种新的知识结构系统，并用于探究解决新问题。

2. 技能目标

（1）使学生具有较强的独立观察能力，学生能根据观察所得发现问题、提出问题，并通过对比、分析提出独立性见解。

（2）使学生能够收集资料、分析资料并得出结论，学生具有运用所获资料设计实验的能力。

（3）通过探究过程，提高学生的直觉思维能力、发散思维能力和聚合思维能力；学生能理解生物实验中的操作规程、注意事项和实验要点。要求学生懂得实验目的及实验中应该观测的生物现象和生物量，掌握观测方法，并能解释结果和现象。

（4）使学生初步掌握科学研究的基本过程和方法；会选择仪器、设计步骤；会按照实验要求，正确、安全地进行实验操作；会观察对象、设计表格、记录数据、得出结论；会排除实验故障；实验完毕，能将实验器材整理复原。

（5）培养学生的创新意识和实践能力；要求学生能对实验提出改进意见，设计新的实验。

（6）培养学生的科学交流与评价能力；深入了解实验各部分之间的制约关系，能进行误差分析，并找出实验失败的原因，能设计新的实验方案。

（7）使学生具有较强的信息意识，能够主动获取、处理信息；在正确进行实验的基础上写出实验报告。

（8）培养学生的合作交流能力和自主学习能力。

3. 情感态度目标

（1）激发学生探求知识的欲望、研究科学问题的兴趣和热情。

（2）培养学生崇尚科学、实事求是的科学态度。

（3）培养学生坚韧不拔、刻苦勤奋的意志品格和献身科学的精神。

（4）培养学生共同协作、互相帮助的良好道德规范。

第二节 实验常规

一、实验的概念

1. 人们认识自然的方法

观察法和实验法是搜集科学事实、获取感性经验的基本途径，是形成、发展和检验自然科学理论的基础。因此，观察和实验是自然科学研究中十分重要的认识方法。

2. 什么是观察法？

观察法是指人们对自然现象在自然发生的条件下进行考察。自然发生的条件是指人们对自然现象不加以控制，正是在这一点上，它与实验法相区别。

3. 什么是实验法？

实验法是人们根据研究目的，利用科学仪器、设备，人为地控制或模拟自然现象，排除干扰，突出主要因素，在有利的条件下去研究自然规律。

4. 实验法的优点

观察法只能在自然发生的条件下进行，要受到自然条件的局限；而实验法是人为地去干预、控制所研究的对象，是在有意识的变革自然中去认识自然，它更有利于发挥人的能动性去揭示隐藏的自然奥秘。

5. 实验法在认识过程中的特殊作用

（1）实验法具有简化和纯化的作用。

（2）实验法可以强化对实验现象的作用，使它处于某种极限状态中，这样有利于揭示新的自然规律。

（3）运用实验法去寻求自然规律和变革自然的手段是比较经济、可靠的。

二、实验的分类

1. 按实验中量和质的关系划分

（1）定性实验：用以判定某因素是否存在、某些因素之间是否有关系等。

（2）定量实验：用以测定某对象的数值，或求出某些因素之间的公式、定律等。

（3）结构分析实验：用以测定化合物的原子或原子团的空间配置。

2. 按实验在认识中的作用划分

（1）析因实验：由已知结果去寻找原因的实验。

（2）对照实验：这种实验有两个或两个以上的相似组群，一个是"对照"组，作为比较的标准，另一个是"实验"组，通过某种实验步骤，以便人们确定某因素对实验组的影响。大多数生物实验是对照实验。

（3）中间实验：在工程建设中用以检验设计方案，为生产实践做准备而进行的实验。

三、实验方法

教材中的实验方法大致可归纳为以下10种：

（1）显微观察法，如观察植物细胞有丝分裂的实验、观察植物细胞的质壁分离和复原的实验等。

（2）观色法，如动物毛色和植物花色的遗传实验等。

（3）示踪原子法，如噬菌体侵染细菌的实验、用^{18}O和$^{14}CO_2$追踪光合作用中氧原子和碳原子转移途径的实验等。

（4）等组实验法，如淀粉酶催化淀粉水解的实验、发现生长素的燕麦胚芽鞘实验等。

（5）加法创意，如用饲喂法研究甲状腺激素的实验、用注射法研究生长激素的实验、用移植法研究性激素的实验等。

（6）减法创意，如用阉割法、摘除法研究性激素、甲状腺激素和生长激素的实验，雌蕊受粉后除去正在发育着的种子的实验等。

（7）杂交实验法，如孟德尔发现遗传定律的植物杂交、测交的实验，小麦的杂交实验等。

（8）化学分析法，叶绿体中色素的提取和分离实验等。

（9）理论分析法，如大小两种草履虫竞争的实验，植物根向地生长、茎背地生长的实验，植物向光性的实验等。

（10）模拟实验法，如渗透作用的实验装置、分离定律的模拟实验等。

上述内容基本上可以包括一般的实验方法，通过学习和理解这些方法，将有利于学生认识、分析和设计新的实验内容。此外，上述多数的实验方法有一个共同的特点，即实验结论的得出都是一个逻辑推理的过程，或者说都是一个透过现象看到本质的思维过程。因此，学生在学习中要充分体会和体验这种过程。可以说，构建实验的方法体系，为分析、解决、设计新的实验以及形成实验能力奠定了良好的方法基础和思维基础。

四、实验中常用的一些基本的实验方法和技术

学生应熟悉常用的实验方法和技术，理解各种方法和技术的使用情况并熟练掌握其操作技能，以便在设计实验时进行迁移和利用。主要包括以下几个方面。

1. 光学显微镜的使用

光学显微镜适用于观察生物的微观结构，如细胞结构，包括光镜下可看到的各种细胞器。学生应熟练掌握显微镜的使用技术。

2. 临时装片、切片和涂片的制作

该实验方法和技术适用于显微观察，凡是需要在显微镜下观察的生物材料，必须先将其制成临时装片、切片或涂片，如"观察植物细胞的质壁分离和复原"实验要制作洋葱表皮的临时装片，"生物组织中的脂肪的鉴定"实验要制作花生种子的切片，等等。

3. 研磨、过滤

该实验方法和技术适用于从生物组织中提取物质，如酶、色素等，学生要熟练掌握研磨、过滤的方法，如研磨时要先将生物材料切碎，然后加入摩擦剂（常用二氧化硅）、提取液及其他必要物质，充分研磨之后，往往要进行过滤，以除去渣滓，所用的过滤器具则根据需要或根据试题中提供的器材加以选

用，如滤纸、纱布、脱脂棉、尼龙布等。

4. 解离技术

该实验方法和技术可用于破坏细胞壁，分散植物细胞，制作临时装片。

5. 恒温技术

该实验方法和技术适用于有酶参加的生化反应，一般用水浴锅或恒温箱，可根据题目要求选用。

6. 纸层析技术

该实验方法和技术用于溶液中物质的分离，主要步骤包括制备滤纸条、画滤液细线、层析分离等。

7. 植物叶片生成淀粉的鉴定

该实验方法和技术适用于光合作用的有关实验，主要步骤包括饥饿处理、光照、酒精脱色、加碘液。另外，还包括植物必需元素的鉴定、同位素示踪技术等。

五、实验中常用器材和药品的使用

一般实验设计类题目会提供所需的器材和药品。因此，如果学生能熟悉这些常用器材及药品的用途和使用方法，往往能从中发现实验设计的思路和方法，甚至是具体的实验步骤。现总结如下：

琼脂：激素或其他物质的载体，用于激素的转移或制作培养基。

亚甲基蓝：用于活体染色或检测污水的细菌含量（细菌可使之褪色）。

酒精：用于消毒处理、提纯DNA、叶片脱色及配制解离液。

蔗糖：配制蔗糖溶液，用于测定植物细胞液的浓度或观察质壁分离和复原。

NaCl：配制生理盐水及其他不同浓度的盐溶液，可用于测定动物细胞内液的浓度或提取DNA。

NaOH：用于吸收CO_2或改变溶液的pH。

$Ca(OH)_2$：鉴定CO_2。

HCl：解离或改变pH。

$NaHCO_3$：提供CO_2。

滤纸：过滤或纸层析。

纱布、尼龙布：过滤。

龙胆紫溶液或醋酸洋红：碱性染料，用于染色体染色。

碘液：鉴定淀粉。

斐林试剂：可溶性还原糖的鉴定。

苏丹Ⅲ、苏丹Ⅳ：脂肪的鉴定。

双缩脲试剂：蛋白质的鉴定。

二苯胺试剂：鉴定DNA。

柠檬酸钠：血液抗凝剂。

第三节　实验设计

一、变　量

在实验中，变量是指可被操纵的特定因素或条件。根据其在实验中的作用，可分为两类。

1. 实验变量与反应变量

实验变量，又称为自变量，指实验中由实验者所操纵的因素或条件。反应变量，又称为因变量，指实验中由于实验变量而引起的变化和结果。通常情况下，实验变量是原因，反应变量是结果，二者具有因果关系，实验目的在于获得和解释这种前因后果。例如，在"唾液淀粉酶水解淀粉"的实验中，所给定的低温（冰块）、适温（37 ℃）、高温（沸水浴）就是实验变量，而由于低温、适温、高温等条件变化，唾液淀粉酶水解淀粉的反应结果也随之变化，这就是反应变量，该实验的目的就在于获得和解释温度变化（实验变量）与酶活性（反应变量）的因果关系。

2. 无关变量与额外变量

无关变量，又称为控制变量，指实验中除实验变量以外的影响实验现象或实验结果的因素或条件。额外变量，又称为干扰变量，指实验中由于无关变量所引起的变化和结果。显然，额外变量会对反应变量起干扰作用。例如，在"唾液淀粉酶水解淀粉"的实验中，除实验变量（低温、适温、高温）以外，试管洁净程度、唾液新鲜程度、可溶性淀粉溶液的浓度和纯度、试剂溶液的剂量、试剂溶液的浓度和纯度、实验操作程序、温度处理的时间长短等，都属于无关变量；如果无关变量中的任何一个或几个因素或条件，对3个实验的给定不等同、不均衡、不稳定，则会对实验结果造成干扰，产生误差。在实验设计和操作中，要尽量减少无关变量，而且不同实验中的无关变量应完全相同，这样就会避免实验结果的差异是由无关变量引起的，便于清晰地研究实验变量与反应变量的关系。

二、实验设计原则

1. 科学性原则

所谓科学性原则，是指实验的原理要符合科学原则，实验结果的预期要有科学依据，实验的各个环节都不能偏离生物学基本知识和基本原理，以及其他学科领域的基本原则。

科学性原则具有两个方面的含义：一方面，必须保证实验的设计不出现科学性错误；另一方面，实验设计要具有科学思想和科学方法的因素。具体地说，生物学实验设计的科学性原则体现在以下几方面。

（1）实验原理的科学性

实验原理是实验设计的依据，也是用来检验和修正实验过程中失误的依据，因此它必须是经过前人总结或科学检验得出的科学理论。例如，2000年全国高考试题第25题要求学生设计实验验证钙离子在血液凝固中的作用。题中给出了两个实验原理：一是血液中的钙离子在血液凝固过程中起重要作用，若缺少它则血液不能凝固；二是草酸钾溶液能与血液中的钙离子发生反应，形成草酸钙沉淀，起抗凝作用。这两条原理既科学又完整，学生可由此产生明确的设计思路。

（2）实验材料选择的科学性

根据实验目的和实验原理选择恰当的实验材料是保证实验达到预期效果的关键因素之一。例如，孟德尔选用自花传粉的豌豆作为杂交实验的材料，在"植物细胞的质壁分离和复原"实验中选用紫色的洋葱作为实验材料，这些都是一些典型的成功选材的范例。又如，新鲜的黑藻嫩叶是"观察细胞质流动"实验的理想材料，因其新鲜，故能保证观察到的是活细胞；因其含水量多，故能保证细胞质的流动速度快，实验现象明显；因其含叶绿体，故能使细胞质的流动速度和流动方向清晰可见；因其叶片薄，故有利于制片且能在显微镜下观察。另外，黑藻在一年四季都可以培养，取材方便。有了这样的实验材料，再加上科学的方法，就可以顺利地达到实验目的。

（3）实验方法的科学性

巴甫洛夫有这样一句名言："方法掌握着研究的命运。"只有科学而严谨的实验方法，才能得出正确而可靠的实验结果。例如，证明植物呼吸作用释放二氧化碳的实验是这样设计的：通入的空气首先经过NaOH溶液除去其中的 CO_2，再经过 $Ca（OH）_2$ 溶液检验 CO_2 是否除尽，最后才通入装有萌发种子的密封瓶中。只有经过这样的步骤，才能完全排除干扰因素（空气中的 CO_2），才能证明瓶中排出的CO_2确实来源于种子的呼吸作用。

（4）实验结果处理的科学性

这是指对于实验得出的结果不能简单对待，而应该首先记录，然后整理，最后再经过仔细分析，找出它们所能够透露给我们的最大信息量。例如，用含有各种必需矿质元素的溶液培养大麦，48 h后测定几种离子的浓度占该离子开始浓度的百分比，实验结果见表1-1-3-1。

表1-1-3-1　实验结果

实验条件	水分消耗（mL）	Ca^{2+}，K^+，Mg^{2+}（%）
光照	1090	135，27，179
黑暗	534	105，35，113

观看这个实验结果，我们要分析该实验中设计了哪些对照组。由上表可知，表中出现三组对照：第一组是有光与无光，第二组是水分的吸收与矿质元素的吸收，第三组是不同的矿质元素的吸收情况比较。所以，我们分析实验结果时，也应从这三方面入手，得出如下实验结论：第一，植物对水分和矿质元素的吸收，与光有一定关系；第二，植物对水分和矿质元素的吸收是相对独立的两个过程；第三，植物对矿质元素的吸收具有选择性。

2. 平行重复原则

任何实验必须有足够的实验次数，才能确保结论的准确、科学。

平行重复原则要求控制某种因素的变化强度，在同样条件下重复实验，观察其对实验结果的影响程度。下面这道题就需要根据平行重复原则设计实验。

在用质壁分离法测定细胞的渗透能力的实验中，把剪成小块的洋葱表皮细胞（等量）分别依次放入下面各组溶液中，结果记录见表1-1-3-2。

表1-1-3-2　质壁分离法测定细胞的渗透能力的实验表

培养皿	蔗糖溶液浓度（mol·L^{-1}）	发生初始质壁分离细胞占观察细胞数目的百分比
1	0.2	无
2	0.3	无
3	0.4	15%
4	0.5	40%
5	0.6	80%
6	0.7	99%
7	0.8	100%

请回答：

（1）该洋葱细胞液的等渗浓度范围为＿＿＿＿＿＿＿＿＿＿＿＿＿＿＿。

（2）在以上基础上，如何进一步改进实验，将测定的洋葱表皮细胞的细胞液浓度范围精确到小数点后两位数？

①需设置的蔗糖溶液浓度分别为＿＿＿＿＿＿＿＿＿＿＿＿＿＿＿＿。

②观察。

③结果分析。

第（2）个问题需要根据平行重复原则设计实验来得出结论。

3. 单一变量原则

该原则可使实验中的复杂关系简单化，使结果更准确。其含义如下：

（1）不论一个实验有几个实验变量，都应做到一个实验变量对应观测一个反应变量。

（2）实验中要尽可能地避免无关变量及额外变量的干扰。

例如，在"探究淀粉酶对淀粉和蔗糖水解作用"的实验中，加入的淀粉和蔗糖是单一变量，而加入的淀粉酶的量、反应温度、pH则应控制成相同条件（常量），否则这些因素的差异将作为无关变量，干扰实验结果并影响对实验结果的分析。

又如，某生物学小组为了研究阳光对大豆发芽的影响，在两个花盆里种了大豆，并设计了实验，大豆发芽实验见表1-1-3-3。

表1-1-3-3　大豆发芽实验表

花盆	阳光	温度（℃）	水
I	光照	20	充足
II	暗室	20	不充足

在这一实验设计中，应该改正的地方是（　　　）。

A. 两个花盆都应该放在向阳的地方

B. 两个花盆都应该放在黑暗的地方

C. 两个花盆的温度不应该一样高

D. 两个花盆都应该浇充足的水

这个实验要研究的是阳光对大豆发芽的影响，因此阳光应该为自变量。根据单因子变量原则，其他因素都应该设为常量，所以本题的答案为D选项，即两个花盆都应该浇充足的水，这样既保证了变量单一，又使大豆不会因为缺水而影响发芽。如果两个花盆都浇水不足，两个花盆中的大豆都会因为缺水而影响发芽，也会导致实验的失败。因此，在考虑单因子变量时，还要尽量使常量能满足实验成功的条件。

4. 控制与平衡控制原则

该原则是指要严格地操纵自变量，以获取因变量，同时，要严格地均衡无关变量，以消除额外变量的干扰。也就是说，要尽量消除实验误差，以取得较为精确的结果。常用的方法有单组实验法、等组实验法及轮组实验法。

（1）单组实验法

对一组（或一个）对象，既用A法又用B法，顺序随机或轮流循环，这是生物实验中常用的实验方法。例如，"观察植物细胞的质壁分离与复原"实验，通常是将做好的紫色洋葱鳞片叶表皮细胞装片，先用蔗糖溶液处理做质壁分离观察，接着又用清水处理做质壁分离复原观察，这就是单组实验法。由于对象同一，无关变量的影响也就被平衡和抵消了。

（2）等组实验法

将状况相等的对象分成两组或多组，一组用A法，另一组用B法，这也是生物实验中常用的实验方法。例如，"植物激素与向性"实验，设计了5组实验，其对象是玉米幼苗，要求玉米幼苗的品种、萌发期、粗细、大小、长势等状况都是相同的，这就是等组实验法，对无关变量的影响起到了平衡和消除作用。

（3）轮组实验法

对两组或两组以上的对象循环进行两个或两个以上的实验处理，如甲组—A法、B法；乙组—B法、A法，这样能有效地平衡和抵消无关变量的影响，但是操作起来自然要麻烦一些。例如，"植物向光性"实验，可随机取两组（株）生长状况不相同的玉米幼苗，做如下实验处理：

甲组：玉米幼苗——A先用"不透光"处理；B后用"单侧光"处理。

乙组：玉米幼苗——C先用"单侧光"处理；D后用"不透光"处理。

实验结果是A+D（不透光）和B+C（单侧光）的比较，这就是轮组实验法。这种实验处理的匹配，对平衡、消除无关变量和额外变量更有说服力。

5. 对照原则

对照原则是中学实验设计中最常用的原则，如有关酶的高效性、专一性和影响酶活性的条件的实验，观察植物细胞的质壁分离和复原实验等都采用了对照实验。对照实验既可排除无关变量的干扰，又可增加实验结果的可信度和说服力。

对于对照实验，一个实验可包括实验组和对照组。实验组是接受自变量处理的对象组，对照组是不接受自变量处理的对象组。至于哪个做实验组，哪个做对照组，一般是随机决定的。常用的对照类型有以下几种：

（1）空白对照：对照组为不做任何处理的对象组。例如，"探究影响淀粉酶活性的条件"实验中，1号试管加1 mL蒸馏水，2号、3号试管分别加等量的NaOH、HCl溶液。1号试管即典型的空白对照组。

（2）自身对照：实验组与对照组在同一对象上进行，不另设对照组。例如，"观察植物细胞质壁分离和复原"实验，即典型的自身对照——实验处理前的对象状况为对照组，实验处理后的对象变化为实验组。

（3）条件对照：给实验组某种处理，给对照组另一条件的处理。例如，在"验证甲状腺激素促进幼小动物发育"的实验中，存在以下实验组和对照组。

甲组：给蝌蚪饲喂甲状腺激素（实验组）。

乙组：给蝌蚪饲喂甲状腺激素抑制剂（条件对照组）。

丙组：对蝌蚪不做任何处理（空白对照）。

（4）相互对照：指不另设对照组，而是利用几个实验组相互对照。例如，在"植物向光性"的实验设计中，如图1-1-3-1所示，2与1对照可证明感光部位在胚芽鞘尖端，另外3可与1对照，4可与1对照，或3、4分别与2对照。

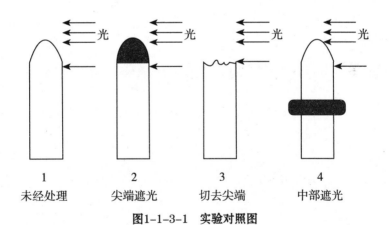

图1-1-3-1　实验对照图

三、实验设计的内容

一个完整的实验设计一般包括以下几个方面：

1. 实验题目。

2. 假设：对可见现象提出的一个可检验的方案。

3. 预期结果：在检测一个假设前，先提出实验的预期结果。如果预期没有实现，则假设不成立；如果预期实现，则假设成立。

4. 实验方法：根据实验的目的和提出的假设来具体设计实验的方法步骤。

5. 观察和搜集数据：按实验设计的观察内容、方法和次数进行如实记录。

6. 分析：对实验记录下来的现象、结果、数据进行整理和分析。

7. 得出结论：根据实验事实进行推理，得出结论。

第二章　高中生物实验教学模式

我们总结生物实验教学模式的实质是为教师提供一个教学活动框架，为教学提供一个具有可操作性和开放性的平台。从验证性实验教学和探究性实验教学两种教学模式的比较分析来看，任何一种教学模式都有其合理性和局限性，因而教学模式只有更好，没有最好，关键在于我们的选择和使用。我们强调探究但并不反对验证，强化验证是为了更好地探究。正是基于这一点，我们对生物实验教学模式的研究只有深入，没有终止。加强多种教学模式互补性和相关性的研究，在此基础上实现多种模式的优化组合、合理搭配，以取得最优化的实验教学效果才是我们所追求的。

第一节　验证性实验教学模式

一、验证性实验教学模式

我们通过两年多的研究，总结优化了验证性实验教学的模式，其教学程序如图1-2-1-1所示。

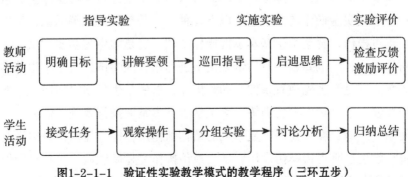

图1-2-1-1　验证性实验教学模式的教学程序（三环五步）

从以上的教学程序来看，该实验教学模式的核心是实验操作训练，目标主要是培养学生的观察能力、实验操作技能、实验分析能力及崇尚科学、实事求是的科学态度和良好的心理品质。教师指导实验的环节应以教为先，以练为主，其主要特征是：重示范、重模仿、重过程、重训练。

二、验证性实验教学的优化策略

验证性实验教学模式的核心是实验操作，教师指导学生进行实验，关键要优化以下四个环节。

1. 优化预实验

教师对实验的预习，其实质就是教师在学生实验前进行预实验，教师对该实验操作的干扰因素、过失因素、实验操作过程中易出现的错误结论、实验的改进方法等要有全面的理解，从而为实验规划准备、实验组织、实验操作、实验设计研发及实验教学评价等教学过程提供材料，为正式的实验教学扫清障碍。

2. 优化设计"图表式实验学案"

课前预习是教学活动的开始，是学生主体参与的首要环节，"图表式实验学案"将实验流程完整地展现给学生，对学生预习实验进行全程指导。"图表式实验学案"以图文并茂的形式将课前预习、实验操作、实验记录、实验分析和实验报告呈现出来，这样大大调动了学生参与实验的积极性，学生从被动地、机械地走进实验室进行实验操作、观察现象、获得结果转变为自主地、主动地参与实验，大大提高了实验教学的效率。

3. 优化指导学生实验操作

在学生对实验进行全面预习、教师做了预实验的基础上，根据教材内容和学生经验水平的不同，教师选择不同的方法指导学生进行实验操作至关重要。教师指导学生实验操作的方法包括以下几种。一是教师先讲解示范，学生分步模仿、连贯模仿，直至学生基本掌握操作要领。二是学生先初步尝试，教师再有针对性地讲解示范要领，然后学生模仿进行第二次尝试，直至学生基本掌握操作要领。三是学生先观看录像、动画操作，然后学生指出操作错误，教师总结操作要领，最后学生模仿训练，直至学生基本掌握操作要领。例如，"显微镜的使用"一课，教师先讲解显微镜的结构和作用，操作显微镜时边讲要点边做示范，学生边听讲边模仿操作。学生模仿操作完显微镜后，再独自操作一两遍，经过几次这样的训练后，学生就基本上学会使用显微镜了，见图1-2-1-2。

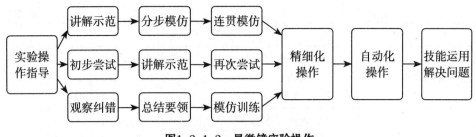

图1-2-1-2　显微镜实验操作

4.转换实验模式，将验证性实验改变成探究性实验

将验证性实验改变成探究性实验，我们总结了三种主要的操作方法。

方法1：从实验原理的角度将验证性实验改进设计为探究性实验，教师提出研究的问题→学生设计实验→实验验证→得出结论。

方法2：从实验过程（步骤）的角度将验证性实验改进设计为探究性实验，教师对实验步骤提出建议→学生选择比较实验→分析对比结果→得出结论。

方法3：从允许故意出错的角度将验证性实验改进设计为探究性实验，教师针对教材中某些"不许""不能""注意"等内容提出质疑→要求学生解释为什么→学生实验→得出结论。

三、验证性实验教学的评价

验证性实验教学的评价侧重在实验操作方面，为此我们制定了"5，3，2"实验评价方案，即实验操作50%，实验报告（包含预习）30%，期末考核20%。

1. 实验操作是实验教学的核心，是培养学生实验技能技巧的关键环节，主要评价学生科学的实验态度、科学的实验方法及实验技能技巧。

2. 实验报告：主要评价学生的预习情况及实验后的数据处理、结果分析等能力。

3. 期末考核：主要评价学生通过一学期的学习，对实验原理、实验方法、仪器原理等的掌握情况，对实验数据处理及结果分析的能力情况，一般通过笔试考核。观察植物细胞的质壁分离和复原的实验考查见表1-2-1-1。

表1-2-1-1　观察植物细胞的质壁分离和复原的实验考查表

考查项目	考查要点	考查水平
确定实验的材料器具	取用实验器具和材料应井井有条、正确无误	I
撕取洋葱表皮	用镊子撕取洋葱表皮，大小适中，肉眼观察不带叶肉	II

考查项目	考查要点	考查水平
制作临时装片	在载玻片中央滴一滴清水，将洋葱表皮平展于水滴中，不折叠，盖上盖玻片，操作正确，无气泡	Ⅱ
观察洋葱表皮细胞	正确使用显微镜（先用低倍镜，后用高倍镜），能观察到洋葱表皮细胞，找出大液泡，观察中央液泡的大小和原生质层的位置	Ⅱ
诱发植物细胞质壁分离	从盖玻片一侧滴入质量浓度为0.3 g/mL的蔗糖溶液，另一侧用吸水纸吸引，重复数次	Ⅱ
观察植物细胞质壁分离	正确使用显微镜，植物细胞质壁分离效果显著	Ⅱ
诱发植物细胞质壁分离复原	从盖玻片一侧滴入清水，另一侧用吸水纸吸引，重复数次	Ⅱ
观察植物细胞质壁分离复原	正确使用显微镜，植物细胞质壁分离复原效果良好	Ⅱ
绘出植物细胞质壁分离简图	正确绘出一个质壁分离的植物细胞，能表示出液泡缩小，原生质层与细胞壁分离；位置、指示线画得规范	Ⅱ
实验卫生	实验结束后，洗刷玻片，整理显微镜、实验台	Ⅰ

说明：技能性考查水平分Ⅰ和Ⅱ两个层次。其中，Ⅰ级指会观察、会操作；Ⅱ级指能比较熟练、规范地观察和操作，能正确进行生物绘图。

四、验证性实验教学模式的不足

验证性实验的特点是验证前人的科学研究过程和结论，而这种结论是在理论课中已讲过的内容，如生物组织中可溶性还原糖、脂肪、蛋白质的鉴定，观察植物细胞的有丝分裂，观察植物细胞的质壁分离与复原等。验证性实验教学的教学目标往往局限于教学生学会教材中给定的一种方法，或者验证一个已知的事实。教师十分重视"动手"的规范训练，强调教学生"学会使用……""学会制作……"，强调学生要了解实验的直接结果，强调学生要记住"应该如何做"，而不强调"为什么这样做，而不那样做"，更不强调"更好的做法是什么"，以至于实验过程中因为某些因素的干扰而导致的实验现象改变，实验结论偏差，甚至错误，却不能预见，更没有去进一步分析考证，只要最终回归到教材上所列的现象或结论上就证明实验操作是正确的，否则实验就是失败的。这种实验忽视了学生的主体地位，忽视了学生个性的差异和创新能力的培养，培养的学生只是实验程序的"高智能操作者"，而非真正的学习者。

第二节　探究性实验教学模式

一、探究性实验教学模式

我们通过两年多的研究，总结优化了探究性实验教学的模式，其教学程序如图1-2-2-1所示。

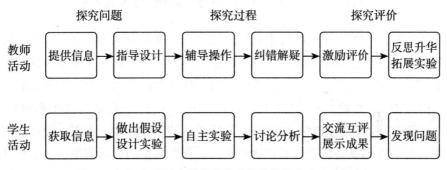

图1-2-2-1　探究性实验教学模式的教学程序（三环六步）

从上图显示的教学程序来看，该实验教学模式的核心是实验设计，目标主要是培养学生提出问题、实验设计、创新实验的能力以及探究、合作的精神等。我们强调探究问题的环节，以探为首，以究为主，强调探究是对所研究问题的学习，也是对探究过程的学习。

近年，我们在"三环六步"模式的基础上，努力创新实验探究教学方式，构建了"自主、合作、互动"实验探究教学新模式，如图1-2-2-2所示。

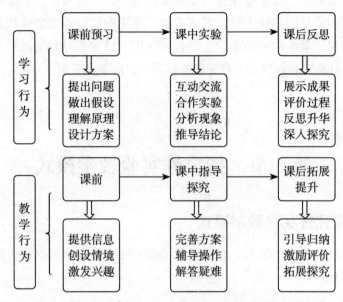

图1-2-2-2 "自主、合作、互动"实验探究教学模式图

该实验探究教学模式以自主探究为主线，以互动交流为特色，以培养探究能力为核心，规范教师的教学行为，转变学生的学习方式，实现学生课前预习自主探究、课中实验合作探究、课后拓展反思探究的有机结合，解决实验教学中的操作难点。该模式不仅是原创，而且是国内首创，有创新性和可操作性。

"课前预习自主探究"的环节：教师通过精心设计教学程序，设计好实验方案，为学生创设与实验内容密切相关的、真实可信的学习情境，让学生从情境中发现问题、提出问题，补充实验所必需的认知和操作经验；让学生明确实验的目的、原理和选材要求，认识实验步骤设计的科学性，全面了解实验各组成部分的内在联系，并设计实验方案。

"课中实验合作探究"的环节：教师组织和引导学生合作探究实验，给予学生充足的时间来动手操作实验，鼓励学生积极主动地参与实验，并独立、规范地完成实验操作，仔细观察实验现象并认真记录。同时让学生在自主、合作的探究过程中互动交流，学会跟同伴共同探讨问题，协作解决问题，学会集思广益，取长补短，学会独立思考和合作交流，学会独立钻研和大胆创新。

"课后拓展反思探究"的环节：教师引导学生对整个实验过程进行归类整合，使学生内化实验理论，鼓励学生感悟、总结实验设计的思想和设计方法，同时给学生提供新的实验探究任务，让学生进行实验方案的设计，训练和培养学生的实验设计能力，促进学生进一步掌握实验设计的方法，有利于学生实验探究能力的培养。

二、探究性实验教学的优化策略

1. 优化"提出问题"的环节

探究始于问题，发现问题比解决问题更重要，确定一个可通过实验探究解决的问题，提出可检验的假设，既是进行探究性实验的前提，也是进行实验探究的难点。具体难在设计提问的内容、提问的方法和对学生提问的反馈。

最精湛的教学艺术，遵循的最高准则就是让学生自己提问题。教师能把探究性实验的内容巧妙地转化为问题情境，训练学生运用简化和提炼的策略对教师提供的背景资料和问题情境进行解读，鼓励学生敢于"异想天开"，指导学生合理运用"提出问题"的策略：通过学生自我设问、学生之间设问、师生之间设问等方式。教师给学生留下足够的空间和时间去发表自己的见解，收集汇总学生的各种问题，然后训练学生运用比较、分析、归纳、概括、重新组合等科学的思维方法来处理各种问题，最终学生就能发现有价值的信息，提炼出很有创意的问题。如在做"影响酶活性的条件"的实验时，学生通过思考提出了许多的问题：①能否用过氧化氢酶探究温度对酶活性的影响？②高温和低温对酶活性的影响是否一样？高温和低温会不会使酶失活？③多高的温度会使酶失活？如何确定出这个温度？④使酶活性达到最高的最适温度到底是多少？由此可见，学生对于温度影响酶活性的探究并不是"浅尝辄止"，而是"渐入佳境"了，提出的问题的探究价值也越来越高。

2. 优化"实验设计"的环节

实验设计是联系问题和结论的重要途径，制定切实可行的实验方案十分重要，设计实验方案的实质是解决一个实验问题，我们要帮助学生根据自己的设想制定方案，而不是代替学生去制定实验方案，我们主要训练学生运用解决问题的模式进行实验设计。

首先，建立问题的框架，明确实验设计的重点和关键。如正确陈述自变量和因变量的关系；自主设计合理的对照实验；正确描述观察或测量变量的方法；清晰列出重要的步骤和材料；预测实验结果；制定观察记录表等。

其次，抓住实验设计的核心，找到解决问题的方案。在设计实验方案的过程中，运用求同法、求异法、剩余法、共变法确定实验的变量和孤立变量；训练学生运用对比的科学方法设置对照实验；精心设计实验步骤，第一步是"共性处理"，第二步是"变量处理"，第三步是"显示差异结果"；训练学生运用发展变化的观点，根据实验的实际情况，不断修正、改进原来的实验方案；

训练学生用辩证的思维方法看待自己的实验，评估实验的局限性。

3. 优化"交流评价"的环节

实验探究的目的并不在于全班得到统一的实验结果，而重在使学生真正参与探究过程，让学生懂得科学的探究方法，让他们的创新意识得到发挥。在"交流评价"环节，我们比普通的实验多一个交流模块，通常有两个交流模块，一个放在实验前，用来交流个人提出的探究问题及设计的实验方案，借此重点评价学生能否提出值得探究的问题，并进行猜想和假设；另一个则放在实验操作之后，用来分析交流实验结果以及对实验中的各种特殊情况做进一步的探究。评价以激励性评价为主，重点评价学生能否独立正确地完成实验操作；能否科学地观察实验现象，如实地记录实验数据；能否对实验现象或收集到的实验数据进行分析、归纳或概括出实验的结论；能否与他人交流成果且有所获益；等等。另外，我们设置了成果展示栏，对学生的优秀实验报告、课外实验探究、创新实验设计、研究性成果进行展示汇报，让学生感受和分享成功的快乐，这样更能激发他们参与实验的热情和参与实验探究的激情。

实验中有很多现象并不跟预设的一模一样，对新生成的实验问题，学生不能根据现象做出结论判断，教师可以通过交流评价环节，让学生展开激烈的讨论，每个学生都参与实验分析，通过层层分析，步步推进，学生对问题的认识逐步深入，然后提出新问题，并且能自主设计新的实验进一步探究解决，做出合理解释。例如，有一组学生在探究用淀粉酶探究pH对酶活性的影响时，观察到淀粉酶在碱性条件下遇碘不变蓝。实验出现的"意外"是否说明"淀粉酶在碱性条件下活性很高"呢？该组学生为了找出原因，积极展开了进一步的探究。他们从溶液不变蓝提出第一个新的设想：试管中的淀粉被完全分解了吗？他们改用斐林试剂检测，并没有观察到砖红色沉淀，得出结论：淀粉没有被分解。那么是什么原因阻止了淀粉和碘液的显色反应呢？考虑到加HCl与加NaOH实验组之间唯一的区别在于pH不同，该组学生提出第二个设想：碘液在碱性条件下可以和淀粉反应？他们先往该试管的溶液中加入1 mL HCl溶液用以中和NaOH溶液，再滴加碘液，此时溶液变为深蓝色。于是实验出现"意外"的原因找到了，是检测的试剂选择不当，碘液会与NaOH反应，本实验选择斐林试剂进行检测比较合适。

4. 优化探究的方式和时间

"探究性实验"有多种教学程序，在实际教学过程中，我们只有根据教学内容及学生的能力水平选择合适的教学程序，才能充分发挥"探究性实验"教学的优势。

（1）提供问题，假设探究结论。其主要特点是：由教师创设问题情境，提出有关引导性问题，学生根据教师提出的假设，进行实验并观察、分析实验现象，进而由师生共同归纳总结出结论，并对其进行迁移运用。该程序对学生的能力水平层次要求较低，适用于初次接触"探究性实验"的学生。

（2）提供结果，探索原因。其主要特点是：在整个探究过程中，学生始终以"小科学家"的身份，按照科学研究的一般程序体验科学发现的过程。首先由教师引导学生从周围事物中发现问题，学生围绕问题的解决，依据自己已有的知识对问题可能的答案进行推测，提出假设，然后根据假设独立设计并完成实验，最后根据实验结果，总结归纳结论。该程序适用于生物学原理形成的教学内容，适用于经过一定"探究性实验"训练的学生。

（3）训练学生通过综合进行探究。其主要特点是：首先由教师介绍活动内容，然后由学生自己通过讨论和分析，确定研究方向和研究方案，并通过调查、实验、查阅图书等方式多方搜集资料，然后对资料进行综合分析，得出结论，提出问题解决的方案，并进行实际实施。该程序适用于以解决生活和生产实际问题为中心的综合性生物活动课及以实验为主的研究性学习课程，需要学生具有较高层次的能力水平及一定的实践经验。

教材中也有不少的实验内容不能在实验室完成，如光合作用的发现史、酶的发现历程、细胞学说的建立、核酸的发现历程、细胞全能性实验、孟德尔遗传定律、植物生长素的发现历程等，这类"实验"由于时间、空间等条件的限制，无法在实验室完成。将现代教育技术引入实验教学中，利用先进的网络技术、信息技术等更新教学手段，开展信息化辅助实验教学，应用多媒体进行"实验思想探究"是现在教学改革的一个重要趋势。例如，"细胞核——系统的控制中心"就是采用这种方式来进行的实验。

探究需要较多的时间，在时间安排上我们也有多种方式以满足需要。①完全由课内完成；②课内完成设计、论证—课外观察、记录—课内汇报交流；③课前完成设计、论证—课内完成核心部分（实验操作）；④少数学生（可轮换）课外完成—课内听取汇报、交流评价。

三、探究性实验教学的评价

对探究性实验的评价，一方面，我们既重过程又重结果，从探究实验的几个环节入手，针对探究问题、实验设计、实验操作、交流表达、情感态度、创新加分等方面进行评价；另一方面，我们强调自评、组评和师评。我们制作了生物实验探究能力评价表，具体见表1-2-2-1。

表1-2-2-1　生物实验探究能力评价表

项目	评价要点	分值	自评	组评	师评
提出问题	1. 确定一个可通过实验探究解决的问题	5分			
	2. 提出可检验的假设	5分			
实验设计	3. 能自主设计合理的对照实验，目的具体、变量明确	10分			
	4. 能合理设计实验方案，实验方法、步骤简便合理，选材用具易得、节省	10分			
	5. 能预测实验结果	5分			
	6. 能制定观察记录表	5分			
实验操作	7. 独立完成基本的操作过程	10分			
	8. 观察记录真实、详细	10分			
	9. 收集实验数据，对结果分析合理	10分			
交流表达	10. 实验报告呈现方式科学、有特色	5分			
	11. 能对本次活动及时反思	5分			
情感态度	12. 积极参与实验，与他人分工合作	5分			
	13. 实验行为、习惯科学，讲卫生	5分			
	14. 在实验中有环保意识和实事求是的科学精神	5分			
创新加分	15. 在实验中发现新的问题并深入拓展探究	5分			

四、探究性实验教学的不足

　　探究性实验虽然能让学生对科学过程、方法、思想有系统的体验，能更深入地调动学生学习的主体精神，并使学生学会合作学习，发扬团队精神，但也有很多的不足：一是教学效率低，学习时间有限，课时较少，教学时间难以保证；二是探究实验的评价方式、手段复杂，较难操作；三是有10%以上的学生学习能力有限，在自主探究实验方面有较大的困难。因此，完善和研究探究性实验的组织形成，使之成为比较成熟的、令学生满意的、效率更高的形式，优化各种评价方案，做到既重结果又重过程，同时提高每个学生的实验能力和科学素质才能真正地解决问题。

第三章　高中生物实验教学多元评价体系

第一节　高中生物实验教学多元评价方案

教学评价是教学过程中不可缺少的环节，是教师了解教学过程、调控教学行为、激励学生学习的重要手段。教学评价对高中生物新课程的实施起着重要的导向和质量监控的作用。我们通过研究，一方面创建实验教学教师评价表，另一方面运用多种评价方法、评价手段和评价工具，综合评价学生在知识、技能、情感态度和价值观、创新意识及实践能力等各方面的进步。

一、对任课教师的实验教学量化评价方案

我们建立了生物课堂教学规范，制定了新课标下的"一堂好课"的标准，构建了具有可操作性的、能体现实验教学特点的课堂教学评价指标体系；追求课堂教学状态的改善和教学效能的优化，让课堂教学富有成效；引导学生主动参与，使师生之间、生生之间有效互动，帮助学生理解知识，获得积极的情感体验，帮助教师改进教学行为、促进专业发展。生物教师实验教学评价表见表1-3-1-1。

表1-3-1-1　生物教师实验教学评价表

讲课人姓名：＿＿＿＿＿　　年级：＿＿＿＿＿　　课题名称：＿＿＿＿＿

评价项目	评价要点	评价等级		
		A	B	C
实验安全维护能力	能正确使用实验室安全设备			
	能辨识有毒的动植物及化学物质			
	事先提示实验进行中可能的危险行为或操作			
	积极且适当处理学生的危险行为或操作			
	能妥善处理实验的废弃物			

续　表

评价项目	评价要点	评价等级		
		A	B	C
实验规划准备能力	在实验活动教学前准备器材			
	熟悉和掌握教材内容及实验教学程序			
	运用恰当的材料来规划实验活动教学			
	制作和准备与实验有关的教学辅助材料			
	配制、保管实验化学药剂			
	补充、贮存、维护实验室器材用品			
实验组织能力	根据实验的需要、学生人数及学生特长进行妥善分组			
	促使学生积极地进行实验活动			
	运用规则有效地管理学生在实验课上的行为			
	运用有效的方法激发学生的学习动机，创造良好的学习氛围			
	运用策略促进实验活动小组的合作学习			
	有效地掌握实验活动的节奏			
	及时捕捉学生实验活动中丰富且多样的状况并做出反馈			
	指导实验结束后的讨论活动			
实验操作能力	掌握实验程序及操作的主要要求			
	正确且熟练地操作实验器材			
	完全熟悉实验活动程序			
	以教具展示介绍，说明实验的程序与器材的操作			
	解释实验程序的安排意义及器材使用的理由			
	改进实验程序及器材，以便更有效地进行实验活动			
实验设计研发能力	根据问题确立假设、设计实验			
	指导学生个人或小组进行研究			
	设计实验的课外作业			
	鼓励学生参加或参观有关的科学性展览活动			
	拟出教材内实验活动的替代实验活动			
实验教学评价能力	适时、有效地评价学生的实验操作能力			
	评价学生对实验的理论依据与设计原理的了解			
	评价学生实验结果的合理性			
	评价学生解释实验结果的正确性及讨论与推论的能力			

评价 项目	评价要点	评价等级		
		A	B	C
评价 等级				
评语				

二、对学生实验能力的多元化评价方案

根据学生实验目标的不同，可将学生参与的实验活动分为以下三类：

1. 以实验操作技能训练为主的技能性实验。

2. 以检验已知的事实、概念或原理的真实性为主的验证性实验。

3. 以引导学生通过探究获得新知和接受科学方法训练为主的探索性实验。

另外，还有模型制作和课外的研究性学习活动（野外的实地考察，实习活动，参观、调查活动），因此我们对生物实验教学的评价也主要根据不同的实验课类型，采用不同的方式和评价标准进行，以下是一些具体的评价方案，见表1-3-1-2至表1-3-1-8。

表1-3-1-2　高中生物实验评价类型、评价方式一览表

评价内容	评价方式	评价工具	各评价内容得分方法
实验技能	新课程教材里的必做实验，期末实验操作考查	实验检核表	日常实验得分×50%+实验操作考查得分×50%
模型制作	要求学生制作一个模型	模型制作评价表	展示并互评，其他各组对该组评价的平均分数即该组的得分
实验探究能力	要求学生书面设计两个探究实验并实施	实验探究评价表	学生两次探究活动得分的平均分
实践活动	参观活动或调查活动	活动记录表、活动评价表	以参观或调查评价表得分为最终得分

表1-3-1-3 生物模型制作评价表（针对模型制作、手工作品）

作品名称		制作时间		作者姓名		
制作简介 （300字内）						
作品优点						
评价项目	评价要点		评价等级			得分
		A	B	C		
合作能力 （20分）	1. 分工明确，合作、协调					
作品科学性	2. 作品符合客观事实					
	3. 标注清晰合理					
制作能力	4. 作品制作巧妙，有创意，有个性					
	5. 作品设计直观易懂，材料运用得当					
表达能力	6. 作品介绍全面，语言流畅，有特色					
评价者		总分：			等级：	
建议						

说明：表中作品名称、制作时间、作者姓名、制作简介、作品优点等由制作成员填写，其他由评价者填写。总分在80分以上的获A等，总分在60~80分的获B等，总分在60分以下的获C等。

表1-3-1-4 生物实验探究能力评价表（针对实验探究、研究性学习）

评价项目	评价要点	分值	自评	互评	师评
情感态度	1. 积极参与实验，主动提出相关问题与建议	5分			
	2. 与他人分工合作，协同完成任务	5分			
	3. 在探究中有锲而不舍、实事求是的科学精神	5分			
提出问题	4. 确定一个可通过实验探究解决的问题	10分			
	5. 提出可检验的假设	5分			
实验设计	6. 正确陈述自变量和因变量的关系，自主设计合理的对照实验	10分			
	7. 正确描述观察变量或测量变量的方法	10分			

评价项目	评价要点	分值	自评	互评	师评
实验设计	8. 清晰列出重要的实验步骤和实验材料	5分			
	9. 预测实验结果，制定观察记录表	5分			
实验实施	10. 独立完成实验步骤	10分			
	11. 如实记录实验现象和重复收集实验数据	10分			
	12. 根据实验现象和数据归纳结论	10分			
交流评价	13. 呈现方式科学、有特色	5分			
	14. 能对本次活动及时反思	5分			
15. 创新加分：		总分			

思考与讨论：

1. 你在实验过程中遇到了什么困难？你是怎样解决的？

2. 你的设计方案的优点是什么？其不足之处是什么？如何改进？

3. 这次实验活动你有何收获？

4. 你对这项活动还有什么建议？

表1-3-1-5 生物参观活动评价表（针对实习参观等实践活动）

评价项目	评价要点及分值	分值	自评	他评	组评	师评
活动态度	1. 能自觉参与活动	5分				
	2. 对活动各项目的好奇心强	10分				
	3. 记录表填写字迹工整、清晰	5分				
活动过程	4. 记录表填写内容言简意赅	10分				
	5. 能针对某活动项目进行分析	10分				
	6. 能从活动项目认识本学科相关知识	10分				
	7. 能运用该知识解释生活中的现象	10分				
	8. 能运用该知识进行创造活动	10分				
活动反思	9. 活动后能进行反思	10分				
	10. 能提出自我改进建议	10分				
	11. 能制订自我改进计划	10分				
合计		总分				

表1-3-1-6 生物调查活动评价表（针对实习调查等实践活动）

课题：		活动者：				
评价项目	评价要点	分值	自评	他评	师评	建议
开题	1. 活动目的明确	5分				
	2. 活动内容、进度安排有计划	5分				
	3. 任务分工明确	5分				
过程	4. 小组成员积极参与、尽力完成任务	5分				
	5. 合作、互相帮助、互听意见	10分				
	6. 小组查询信息、搜集材料的手段多样	15分				
	7. 小组活动记录详尽、真实	15分				
	8. 对收集资料的整理（质量高、完整性）	15分				
成果	9. 展示内容丰富、手段多样	10分				
	10. 现场答辩言语清晰，有条理	5分				
收获	11. 能说出活动体验，发现不足之处	5分				
	12. 提出自我改进建议和对组员的展望	5分				
小组平均总成绩：		总分				

表1-3-1-7 实验探究过程记录评价表

活动过程	实验活动内容自我记录	评价内容	自我评价
提出问题	针对该现象，我所提出的问题是：	能根据实验事实和已有知识提出有针对性的问题	
猜想与假设	对于这一问题，我的猜想与假设是：	1. 提出与问题相关的假设 2. 做出假设的理由 3. 假设的检验方法	
设计实验方案	我的实验方案是：	1. 设计方案的数量 2. 实验方案的科学性与新颖性 3. 步骤设计的完整性与可行性	
实验操作与观察	操作记录： 观察到的现象：	1. 操作的正确性 2. 操作的熟练程度 3. 观察是否仔细、全面	
解释现象形成结论	解释实验现象： 我得到的结论是：	1. 对现象解释的正确程度 2. 实验的误差分析 3. 结论的正确性	
表达交流	我想开展的新探究是：	1. 表达的条理性 2. 与他人交流的积极性 3. 评价他人实验的情况	

表1-3-1-8 学生实验探究能力自我评价核查表

评价项目	自我评价等级标准	自评等级			
		A	B	C	D
提出问题的能力	A. 根据自己的观察和生活经验，提出问题，适合实验探究				
	B. 从教师提供的问题中挑选问题，有针对性，适合实验探究				
	C. 提出的问题有一定的道理，但不适合探究				
	D. 提出的问题脱离了情境，或提不出问题				
猜想与假设的能力	A. 提出的猜想与假设包含对问题本质的预测，能用实验检验				
	B. 对提出的猜想与假设，不能说出理由，假设能用实验检验				
	C. 对提出的猜想与假设，不能说出理由，假设不能用实验检验				
	D. 做出的假设猜想与问题基本上不相关				
制定实验方案的能力	A. 会控制变量、设置对照、列出实验步骤和材料、预测结果，制定实验记录表，设计完整的实验方案，方案正确、可行				
	B. 在教师的帮助下，设计合理、可行的实验方案				
	C. 设计的方案中有部分错误或不完整，缺少可行性				
	D. 不能用文本、图表表达实验设计方案				
实验操作与观察的能力	A. 能独立、规范地完成实验操作，实验现象明显				
	B. 操作正确，但不熟练，现象明显				
	C. 实验操作有少量错误				
	D. 盲目操作实验，有重大错误或有较多错误				
解释与形成结论的能力	A. 详细、认真地记录实验现象，能根据收集的证据对所有的现象做出合理解释或进行推理				
	B. 对细微现象有忽略，认真记录现象，能对重要现象做出解释或进行推理				
	C. 观察不够仔细，粗略记录现象，只能对部分现象做出合理解释				
	D. 观察不仔细，无记录，不能解释重要的现象或解释不清楚				

续 表

评价项目	自我评价等级标准	自评等级			
		A	B	C	D
表达与交流的能力	A. 能说出实验探究的过程，书写出完整的探究实验报告或小论文，在实验中提出自己的见解，提出合理的建议				
	B. 能说出实验探究的过程，提出自己的见解，并能认真听取他人的发言，积极与他人探讨有关问题				
	C. 能简单说出探究过程，能参与到讨论与交流中				
	D. 难以将自己探究学习的过程与结果完整地表达出来				
反思与评价的能力	A. 实验探究很成功，很有成就感，发现了新问题，并拓展探究				
	B. 实验探究很成功，很有成就感，没有新问题要拓展探究				
	C. 在实验探究中出现了很多的失误，但能找到解决的方法				
	D. 实验失败了，没有去分析失败的原因并且不进行拓展探究				
综合分析：我的实验探究能力水平有_____提高（显著、较大、较小）通过本实验我最大的收获是_____		自评为_____等级（优、良、一般）			

第二节 高中生物实验能力考查试题设计

实验考查试题1 用显微镜观察植物细胞

一、实验理论考查试题（每题5分，共10分）

1. 盖上盖玻片时，一边先接触水滴边缘，再缓缓放下，其目的是_____。

2. 正确使用显微镜的步骤是取镜→安放→_____。

二、实验操作考查试题（共90分）

表1-3-2-1 显微镜观察植物细胞考查试题表

考查项目	评分点	赋分	得分
显微镜的安放	取出显微镜，并安放好	5	
显微镜的对光	对光要求视野明亮	10	
制作临时装片	用洁净的纱布擦干净载玻片和盖玻片	10	
	在载玻片中央滴一滴清水	10	
	撕取单层植物细胞	10	
	平展在载玻片水滴中，盖盖玻片的方法正确	10	
	染色方法正确	10	
显微镜的观察	在低倍镜下观察临时装片	10	
绘出观察的细胞	观察到植物细胞	10	
实验卫生	整理好仪器，桌面干净整洁	5	
操作累计得分			
一、二题总得分			
实验考查等级			

注：满分100分（优秀：80～100分；合格：60～79分；不合格：60分以下。）

实验考查试题2 检测生物组织中的还原糖

一、实验理论考查试题（每题10分，共30分）

1. 下列物质适于做该实验材料的是_____。

　　A. 花生种子　　　　　B. 苹果　　　　　　C. 蛋清　　　　　　D. 黄豆

2. 用上述最恰当的材料制作组织样液，刚加入斐林试剂颜色呈_____色，
隔水加热（55～60 ℃）后溶液呈_____色。

3. 可溶性还原糖的鉴定中，制备生物组织样液时，加入少许石英砂，其
目的是_____。

　　A. 使研磨充分　　　　　　　　　　B. 防止糖被破坏

　　C. 防止反应　　　　　　　　　　　D. 无作用

二、实验操作考查试题（共70分）

表1-3-2-2 生物组织中的还原糖考查试题表

考查项目	评分点	赋分	得分
确定实验的材料器具	取用实验器具和材料应井井有条、正确无误	10	
斐林试剂配制	取1支试管，向试管内分别注入2 mL浓度为0.1 g/mL的NaOH溶液和4～5滴0.05 g/mL的$CuSO_4$溶液，混合均匀	10	
用斐林试剂鉴别	取1支试管，向试管内注入2 mL苹果组织样液	10	
	向试管内注入2 mL刚配制的斐林试剂，振荡混合均匀，溶液呈蓝色	10	
	将试管放入盛有水的大烧杯中，用酒精灯加热（55～60 ℃），试管溶液的颜色变化为：浅蓝色→棕色→砖红色	20	
实验卫生	实验桌整洁，仪器洗涤干净，器材还原好，药品无浪费	10	
操作累计得分			
一、二题总得分			
实验考查等级			

注：满分100分（优秀：80～100分；合格：60～79分；不合格：60分以下。）

实验考查试题3 检测生物组织中的脂肪

一、实验理论考查试题（每题10分，共30分）

1. 下列物质中除用花生外，还有哪种可做观察材料（ ）。

    A. 黄豆   B. 南瓜种子   C. 蓖麻种子   D. 玉米

2. 脂肪可以被苏丹Ⅲ染液染成橘红色，如果用苏丹Ⅳ染液则染成_____色。

3. 用高倍镜观察到的脂肪颗粒与用低倍镜观察到的脂肪颗粒相比，其数目、大小和视野的明暗情况依次是（ ）。

    A. 多、大、亮   B. 少、小、暗

    C. 多、小、暗   D. 少、大、暗

二、实验操作考查试题（共70分）

表1-3-2-3 生物组织中的脂肪考查试题表

考查项目	评分点	赋分	得分
实验材料制作	将一粒浸泡过的花生子叶，采用徒手切片的方法，切下一些薄片	5	
	用毛笔将最薄的一片材料移至洁净的载玻片中央	10	
实验操作方法	在花生子叶薄片上滴2~3滴苏丹Ⅲ染液，染色2~3 min	10	
	用吸水纸吸去花生子叶薄片周围的染液，在薄片上滴1~2滴50%的酒精溶液，洗去浮色	10	
	用吸水纸吸去花生子叶薄片周围的酒精，在薄片上滴1~2滴蒸馏水，盖上盖玻片，制成临时装片	10	
实验观察	在低倍镜下寻找花生子叶薄片的最薄处，并将这部分移至视野中央，观察细胞已着色的圆形小颗粒，橘黄色的颗粒就是脂肪细胞	10	
	正确使用高倍镜观察，看清楚脂肪细胞	10	
实验卫生	实验结束后，洗刷试管、玻片、整理显微镜、实验台	5	
操作累计得分			
一、二题总得分			
实验考查等级			

注：满分100分（优秀：80~100分；合格：60~79分；不合格：60分以下。）

实验考查试题4 检测生物组织中的蛋白质

一、实验理论考查试题（每题10分，共30分）

1.下列物质中适于该实验材料的组织样液是（　　）。

　A.苹果　　　　B.梨　　　　　C.花生　　　　D.黄豆

2.蛋白质与双缩脲试剂发生作用呈_____色。

3.用下列材料做鉴定实验，从理论上讲能否成功？说明原理。

（1）用绿色叶片做可溶性还原糖的鉴定实验：_____。

（2）用蓖麻种子做脂肪鉴定实验：_____。

（3）用新鲜牛奶做蛋白质鉴定实验：_____。

二、实验操作考查试题（共70分）

表1-3-2-4　生物组织中的蛋白质考查试题表

考查项目	评分点	赋分	得分
确定实验的材料器具	取用实验器具和材料应井井有条、正确无误	10	
实验操作方法	取1支试管，向试管内注入2 mL黄豆组织样液	10	
	向试管内加入2 mL双缩脲试剂A（质量浓度为0.1 g/mL的氢氧化钠溶液），振荡均匀	10	
	再向试管中加入3～4滴双缩脲试剂B（质量浓度为0.01 g/mL的硫酸铜溶液）	10	
实验现象及原理	振荡均匀，试管溶液颜色呈紫色	10	
	蛋白质与双缩脲试剂发生作用，可以产生紫色反应	10	
实验卫生	实验桌整洁，仪器洗涤干净，器材还原好，药品无浪费	10	
操作累计得分			
一、二题总得分			
实验考查等级			

注：满分100分（优秀：80～100分；合格：60～79分；不合格：60分以下。）

实验考查试题5　观察线粒体和叶绿体

一、实验理论考查试题（每题10分，共30分）

1.高倍显微镜下观察到的叶绿体呈扁平的_____或_____。

2.下列可以用于观察叶绿体的材料是（　　）。

    A.洋葱鳞片叶   B.根尖细胞

    C.青霉菌   D.藓类叶片

3.用高倍镜观察洋葱根尖的细胞与用低倍镜观察到的细胞相比，其数目、大小和视 野的明暗情况依次为（　　）。

    A.多、大、亮   B.少、小、暗

    C.多、小、暗   D.少、大、暗

二、实验操作考查试题（共70分）

表1-3-2-5　线粒体和叶绿体考查试题表

考查项目		评分点	赋分	得分
确定实验的材料器具		取用实验器具和材料应井井有条、正确无误	5	
低倍镜观察	安放显微镜	一手握镜臂，一手托镜座。将显微镜安放在实验台正前方略偏左的位置，距桌边1 cm左右	5	
	对光	低倍镜正对通光孔，调最大光圈与反光镜，视野亮度足够	5	
	观察	用粗、细准焦螺旋进行调焦，找到最合适的植物叶片细胞；用左眼正确观察	10	
高倍镜观察	对光	正确转动转换器，换用高倍物镜（可同时换高倍目镜），调合适的光圈与反光镜	10	
	观察	用细准焦螺旋调焦，观察植物叶片细胞内叶绿体（线粒体）的形态和分布情况	10	
绘一个叶绿体（线粒体）细胞简图		要求画出叶绿体（线粒体）的形态和分布情况	20	
实验卫生		实验结束后，洗刷玻片，整理显微镜、实验台	5	
操作累计得分				
一、二题总得分				
实验考查等级				

注：满分100分（优秀：80～100分；合格：60～79分；不合格：60分以下。）

实验考查试题6　观察植物细胞的质壁分离和复原

一、实验理论考查试题（每题10分，共20分）

1. 质壁分离是_____和_____发生分离。

2. 能在30%蔗糖溶液中发生质壁分离的细胞是（　　）。

　　A. 动物的上皮细胞　　　　　　　　B. 人的红细胞

　　C. 根尖的分生组织细胞　　　　　　D. 成熟的植物细胞

二、实验操作考查试题（共80分）

表1-3-2-6　植物细胞的质壁分离和复原考查试题表

考查项目	评分点	赋分	得分
撕取洋葱表皮	用镊子撕取洋葱表皮，大小适中，肉眼观察不带叶肉	5	
制作临时装片	在载玻片中央滴一滴清水，将洋葱表皮平展于水滴中，不折叠，盖上盖玻片，操作正确，无气泡	5	
观察洋葱表皮细胞	正确使用显微镜（先用低倍镜，后用高倍镜），能观察到洋葱表皮细胞，找出大液泡，观察中央液泡的大小和原生质层的位置	5	
诱发细胞质壁分离	从盖玻片一侧滴入质量浓度为0.3 g/mL的蔗糖溶液，另一侧用吸水纸吸引，反复数次	10	
观察细胞质壁分离	正确使用显微镜，植物细胞质壁分离效果显著	10	
诱发细胞质壁分离复原	从盖玻片一侧滴入清水，另一侧用吸水纸吸引，重复数次	10	
观察细胞质壁分离复原	正确使用显微镜，植物细胞质壁分离复原效果好	10	
绘细胞质壁分离简图	正确绘出一个质壁分离的植物细胞，能表示出液泡缩小，原生质层与细胞壁分离。位置、指示线画得规范	20	
实验卫生	实验结束后，洗刷玻片，整理显微镜、实验台	5	
操作累计得分			
一、二题总得分			
实验考查等级			

注：满分100分（优秀：80～100分；合格：60～79分；不合格：60分以下。）

实验考查试题7　叶绿体色素的提取和分离

一、实验理论考查试题（每题10分，共20分）

1. 从叶绿体中提取色素选取的最佳叶片应是（　　）。

    A. 肥嫩多汁的叶片   B. 革质叶片

    C. 刚刚长出的小嫩叶   D. 鲜嫩、色浓绿的叶片

2. 色素带从上至下依次是何种色素？

① _____ ② _____ ③ _____ ④ _____

二、实验操作考查试题（共80分）

表1-3-2-7　叶绿体色素的提取和分离考查试题表

考查项目	评分点	赋分	得分
确定实验的材料器具	取用实验器具和材料应井井有条、正确无误	5	
色素的提取	取绿叶约5 g，剪碎，装入研钵中，加少许二氧化硅、碳酸钙、5 mL酒精于研钵中，迅速研磨充分	10	
	用纱布过滤收集滤液，用棉塞塞住试管口	5	
制作滤纸条	剪滤纸条：长10 cm，宽1 cm，滤纸条一端剪去两角	10	
	在距剪角一端1 cm处用铅笔画一横线	5	
画滤液细线	沿横线处均匀地画一条滤液线，滤液线干后，重画2～3次	5	
	细线条画得匀、细、齐	10	
色素的层析	将3 mL层析液倒入烧杯中，滤纸条靠烧杯内壁插入层析液中，滤液细线未浸入层析液中，用培养皿盖住烧杯	10	
	滤纸条上出现四条色素带	10	
实验卫生	实验桌整洁，器材还原好，药品无浪费	5	
	实验完后用肥皂将手洗净	5	
操作累计得分			
一、二题总得分			
实验考查等级			

注：满分100分（优秀：80～100分；合格：60～79分；不合格：60分以下。）

实验考查试题8 观察细胞的有丝分裂

一、实验理论考查试题（每题5分，共10分）

1. 下列可以用来观察植物细胞有丝分裂的是（　　　　）。

　　A. 番茄果肉　　　　　　　　　　B. 洋葱鳞片叶

　　C. 洋葱根尖　　　　　　　　　　D. 叶表皮细胞

2. 在同一视野中，数目最多的是处在＿＿＿＿＿期的细胞，因为＿＿＿＿＿。

二、实验操作考查试题（共90分）

表1-3-2-8　观察细胞的有丝分裂考查试题表

考查项目		评分点	赋分	得分
培养洋葱（或大蒜）根尖		广口瓶内装满清水，让洋葱的底部接触到水面，每天换水	5	
选取并固定根尖		挑选长为1~2 cm的根，截取0.2~0.3 cm长的根尖，用固定液固定	5	
制作装片	解离	把根尖浸入解离液3~5 min，至根尖酥软	5	
	漂洗	用镊子夹起根尖，清水漂洗，换水2~3次	5	
	染色	染色3~5 min，至全部细胞均染上色	10	
	制作临时装片	把根尖放在载玻片中央，滴一滴清水，并用镊子尖把根尖弄碎，盖上盖玻片，用拇指压片	10	
观察装片	低倍镜观察	安放显微镜	5	
		对光：使低倍物镜正对通光孔，光圈调到最大，可见圆形明亮的视野	5	
		观察：用粗、细准焦螺旋调焦，移动临时装片，找到分生区细胞	10	
	高倍镜观察	用转换器换用高倍物镜，找到细胞有丝分裂间期和各分裂期图像	15	
绘一个细胞分裂简图		正确绘出有丝分裂中期或后期的一个细胞简图	10	
实验卫生		实验结束后，洗刷实验器具，整理实验台	5	

考查项目	评分点	赋分	得分
操作累计得分			
一、二题总得分			
实验考查等级			

注：满分100分（优秀：80~100分；合格：60~79分；不合格：60分以下。）

实验考查试题9　制作DNA分子双螺旋结构模型

一、实验理论考查试题（每题10分，共20分）

1. 下列关于碱基互补配对原则的说法中，正确的一组是（　　　）

　① DNA分子碱基中与胞嘧啶配对的一定是鸟嘌呤

　② DNA分子碱基中与胸腺嘧啶配对的必定是腺嘌呤

　A. ①　　　　　B. ②　　　　　C. ①②　　　　　D. 都不对

2. DNA分子具有稳定性，这是由于＿＿＿＿＿＿＿＿不变。DNA分子具有多样性是由＿＿＿＿＿＿＿＿＿＿＿决定的。

二、实验操作考查试题（共80分）

表1-3-2-9　DNA分子双螺旋结构模型考查试题表

考查项目	评分点	赋分	得分
确定实验的材料器具	取用实验器具和材料应井井有条、正确无误，使用的材料常见且制作方便	10	
物质的区分	是否使用了不同的材料代表组成DNA分子的磷酸、脱氧核糖和碱基（用不同材料或不同形状区分）	15	
三种物质的连接	是否在正确部位把三种材料连接起来（每个五碳糖连接两个磷酸和一个碱基，每个磷酸连接两个五碳糖）	15	
脱氧核苷酸间的连接	脱氧核苷酸间是否正确连接（以磷酸之间、碱基之间相连）	15	
碱基配对	是否按照碱基配对原则进行配对（A—T，C—G）	10	

考查项目	评分点	赋分	得分
模型作品	模型作品是否结实、有创意、手工精美	10	
实验卫生	实验结束后，整理实验台卫生	5	
操作累计得分			
一、二题总得分			
实验考查等级			

注：满分100分（优秀：80～100分；合格：60～79分；不合格：60分以下。）

实验考查试题10　设计并制作生态瓶

一、实验理论考查试题（每题10分，共20分）

1. 在能维持生态系统的稳定性的密闭生态缸中，有一条鱼、一株水草和一只田螺，如果把鱼去掉，下列情况最先发生的是（　　　）。

    A. 光合作用加快　　　　　　　　　　B. 水的酸性增加

    C. 植物会死掉　　　　　　　　　　　D. 水中的氧气浓度增加

2. 某学生制作小生态缸时，先在鱼缸内加入了河泥，将鱼缸内充满了水，放养了一些水生植物与小鱼、蜗牛等动物，然后密封，放在有阳光的窗台上。经过一段时间，鱼缸成了一个相对稳定的生态系统。请回答：

（1）维持这个生态系统所需要的能量来源于_____。

（2）鱼缸能成为一个稳定的生态系统的原因是_____。

二、实验操作考查试题（共80分）

表1-3-2-10　设计并制作生态瓶考查试题表

考查项目		评分点	赋分	得分
确定实验的材料器具		生物材料的数量与种类搭配应该合理	5	
选材与制作	1. 选择广口瓶	生态瓶大小适宜，约400～500 mL，透明	5	
	2. 放入河泥	在生态瓶的底部放入适量的河泥	10	
	3. 加水	放入适量的河水或湖水，高度为瓶的1/3～1/2	10	

考查项目		评分点	赋分	得分
选材与制作	4.加入动植物	放入金鱼藻、黑藻、水蚤、蜗牛、小鱼	10	
	5.密封生态瓶	盖上生态瓶盖，用蜡密封，将生态瓶放置于室内通风、光线良好的地方，但要避免阳光直接照射	10	
观察记录		设计表格，记录每天的温度和水质的变化、生物的种类和数量的变化以及水中生物的生活情况等	25	
实验卫生		实验结束后，整理实验台卫生	5	
操作累计得分				
一、二题总得分				
实验考查等级				

注：满分100分（优秀：80～100分；合格：60～79分；不合格：60分以下。）

第四章　实验能力的培养

　　与中学生物实验综合能力有关的一般能力主要有观察能力、操作能力、思维能力和创造能力。观察能力是学生获取知识，由感性到理性的重要基础，是思维活动的门户与源泉，敏锐而准确的观察往往是创造性思维的先导。操作能力是运用知识形成独立实验能力的前提，操作的科学性、准确性、熟练性和协调性直接关系到实验的成败。思维能力能极大地影响其他能力的提高和发展，在观察的基础上，学生运用合理的形象思维和抽象思维进行归纳和概括，从而揭示和掌握事物的本质和规律，可以得出创造性的结论。因此，思维能力是培养学生生物实验能力的核心和关键。创新能力是生物实验能力培养的长远目标和最终目的，它是各种实验能力的综合表现，即培养学生通过自己设计的实验解决有关生物学问题的能力。

　　纵观中学生物学实验，各种能力的培养贯穿始终。有些实验是以一种能力的培养为主，兼顾其他能力的培养。例如，生物外形与内部结构的观察解剖实验、显微镜的使用、玻片标本的制作等基础性实验。有些实验是几种能力培养并驾齐驱或相互交错，使学生形成综合性实验能力。例如，绿叶在光下制造淀粉、唾液淀粉酶对淀粉分解的催化作用、脊蛙反射等生理性实验。我们认为，只要在各类生物学实验中采用恰当的教学形式和方法，注重实验过程的训练，从教学内容出发，使学生获得生动具体的感性认识，引导学生深刻、灵活掌握知识，同时辅以熟练准确的操作手段做保证，学生实验的综合能力就会在实验的过程中自然形成和发展，从而学会运用实验手段去创造性地解决问题。

第一节　观察能力的培养

　　观察是人脑通过感觉器官对外界事物的感知过程，是获取感性认识的最基本的实践。有了感性材料，才能进行理性加工。观察对于任何工作，尤其是科学研究是不可缺少的。在创新工作中，观察同样很重要，有时甚至是决定性的。因为创新始于问题，而问题往往来源于观察。通过敏锐的观察，科学家能发现常人忽视的问题，进而获得新的科学发现或发明，如天文学就是天文学家在长期观察天体运动变化的基础上发展起来的。此外，我们要想培养敏锐的观察力，先要培养自己独具慧眼、见微知著的洞察力，要练就一双明察秋毫的火眼金睛。

一、正确观察的几个要求

1. 观察的目的性和客观性

一般情况下，有目的、有意识的观察多于无意识的观察。观察的目的性，反映了观察者对观察目的、过程和结果的希望及影响，而观察的客观性，反映了被观察对象对于观察过程、观察目的实现起决定作用。

2. 观察的全面性和典型性

观察现象和事物时切忌片面性，不能只见树木不见森林。要把握事物本质，必须全面观察事物各个方面的现象及联系，不能只抓住一些实例或细枝末节。事物的本质往往在一些特定场合下更能集中反映，因此要选用典型现象、典型事物或典型过程来进行观察研究。

3. 观察的被动性和主动性

观察时不对观察对象做人为的干预和控制，只是接受观察对象自发变化过程中所发出的信息，这就是观察的被动性。我们遵从观察的被动性是为了保证观察的客观性，但是观察又应该是积极主动的，因为观察目的、对象、工具等都可人为选择。只有积极发挥观察的主动性，才能更快、更有效地获得真知灼见。

培养观察能力，一是我们要尽量结合自己的工作，结合有兴趣的问题，结合新颖事物进行观察。如果对什么东西都进行观察思考，精力就分散了，也就难出成果。二是我们要不断实践，养成勤于观察、乐于观察的习惯，这就需要激发和培养好奇心。我们有了好奇心，对周围事物就有强烈的兴趣，就会去仔细地观察和思考事物的变化和异常现象，能够感受到常人所不能感受到的东西，从常人司空见惯的现象中发现奥妙。通过长期的观察训练，观察能力就可提高到精于观察这一境界，练就一双火眼金睛。

二、观察能力的培养方法

1. 验证观察法

验证观察法是指立足课本，通过观察，对课本中关于生物现象、本质特征的理论进行观察验证。

2. 比较观察法

比较观察法是指抓住事物的特点比较其异同的方法。在观察两种或两种以上的生物体或生物标本、挂图、模型时，要注意运用比较观察法。

3. 循序观察法

循序观察法是指对生物体的形态结构按照一定的排列顺序进行观察的方法。循序观察法能对生物体整体或局部的形态结构进行全面观察，观察过程详尽而条理清晰，避免出现遗漏观察点的现象。

4. 动态观察法

动态观察法常用于生物的生活习性、生理功能、生物现象变化等方面的观察。

第二节　想象能力的培养

想象是指通过大脑思维，把原有事物形象地描绘成或创造成新形象的过程。想象一般可分为无意想象和有意想象两种。有意想象又分为再造想象、创造想象和幻想。

再造想象是指根据外界语言或图形的启示，在头脑中再造出相应形象的思维活动，它是按照外界信息来构思或创意的，没有独立性和创造性。创造想象则不同，它是脱离现有描述，只根据一定的目的和任务，按照自己的想法，独立地创造出某种新形象的思维活动，创造性是其显著特点。幻想是一种特殊的想象，它是脱离现实的、无拘无束的想象，它可以超越自然和社会的发展过程。

大量的创造发明事实表明，想象、灵感和直觉是创新思维中的精华。创造能力的大小和一个人的知识量、想象力成正比。增强创造力的关键是要克服习惯性思维，增强想象力。正如英国数学家布罗诺夫斯基所说："所有伟大的科学家都自由地运用他们的想象，并且听凭他们的想象得出一些狂妄的结论，而不叫喊'停止前进'。"

想象在创新思维过程中的具体作用包括以下几点。首先，通过想象能形成一个创新形象，有一个可供论证和实施的形象方案，才有可能进一步开展工作。其次，想象是一个不受约束、具有很大自由度的思维活动过程，容易诱发灵感和直觉，从而取得创新的突破。最后，想象是最灵活的思维活动，它可以把头脑中的各种信息进行任意组合、类比、联想，从而容易产生新的构思、新的方案。

要培养想象能力需要做到以下三点。第一，就是要见多识广，博览群书，博采众长。有了渊博的知识，就易于把各种信息进行各种各样的组合，充分发挥想象，形成各种各样的设想。一个工程师，不大量搜集各种有关材料并阅读研究，没有在可能的条件下实地考察，而是孤陋寡闻、闭门造车，就不可能形成美妙的想象，更不可能产生好的设计方案。第二，通过联想发展想象。有了大量的素材后，要形成各种想象，还得多想、多琢磨，充分发挥联想的作用。通过相似联想，可以从一种观念联想到与之相似的另一种观念，如由声波联想到光波。通过对比联想，由某种观念联想到与之对称的另一种观念，如从高温联想到低温，由静态联想到动态。第三，平时要多看一些纯属虚构的科幻电影和小说，多看一些艺术和摄影展览，丰富自己的想象力、创造力和形象思维能力。

第三节　实验发散思维能力的培养

发散性思维是一种不依常规、寻求变异、从多方面寻求答案的思维方式。这种思维方式不受现代知识的局限，不受传统知识的束缚，其结果由已知导向未知，发现新事物、新理论。因此，不少学者认为，发散性思维与创造力有直接联系，是创造性思维的中心，是测定创造力的重要指标之一。培养发散性思维能力是培养创造力的重要环节。培养学生发散性思维能力，我们应当从培养其流畅性、变通性和独特性入手，而要培养这三种特性，很重要的一条是给学生提供发散性思维的机会，安排一些能刺激学生发散思维的情境，逐渐使学生养成多面向、多角度认识事物和解决问题的习惯。因此，思维发散能力是生物实验能力培养的核心和关键。创新人才的思维应具有灵活性、开放性、广泛性和独立性。

1. 实验材料的发散思维

生物实验材料的适当选择是实验成功的关键。选择生物实验材料的原则：①可控性；②生物学稳定性；③来源可靠、经济易得；④繁殖快、周期短；⑤可操作性。依照这些原则，教师可在实验中引导学生根据本地实际情况，探究、发现新的实验材料，培养学生的创新精神。例如，在"生长素的发现"探究实验中，达尔文等科学家选用的是金丝雀虉草、燕麦做实验材料。但在东莞市，这两种材料都很难找到，所以教师可引导学生将方便易得的玉米、花生、大豆、小麦等种子萌发成幼苗，从多角度观察、对比、分析、验证……用"筛选法"选择出符合要求的幼苗作为实验材料，不仅有地方特色，而且效果好，可操作性强，因此实验能取得成功。又如，叶绿体色素的提取与分离实验中，实验材料是实验成功的关键，学生可选取与季节、地区相适应的实验材料，如韭菜（韭菜叶中含丰富的叶绿素a和叶绿素b），甚至可以混合使用多种材料（本实验为定性实验而非定量实验）。

2. 实验条件的发散思维

实验条件的改变与实验材料的选择相关，也是影响实验现象是否明显、反应速度快慢的重要因素。例如，探究"酶的专一性"实验中，可用淀粉—滤纸代替糨糊，也可用纯淀粉酶代替学生提供的唾液做实验，这样不仅改变了过去学生提供唾液的不雅观、不卫生状况，而且淀粉酶可配制成一定浓度的溶液，使实验由定性研究变为了定量研究，大大加强了实验的科学性。更重要的是，实验条件可改变，温度由37 ℃提升到50 ℃，加快了反应速度，缩短了反应时间，使教学更主动，教学过程更连贯。

3. 实验方法的发散思维

按照教材中所提供的材料、方法、操作过程做实验，多数是可以取得好效果的。但有些实验由于材料采集难度大或反应速度慢、持续时间过长等原因，我们可以尝试新的实验方法以消除实验中的这些弊端。例如，高二的实习实验"用动物激素喂养小蝌蚪"，验证动物激素对动物生命活动的调节作用。该实验有以下缺点：①在城市学校，实验材料采集难；②蝌蚪变态缓慢，约需1个月；③在喂养蝌蚪过程中必须常换池塘水（内含蝌蚪所需营养），若以自来水代替，并喂蛋黄等食物则会使水变臭，造成蝌蚪未及变态而死，致使该实验失败。对此，可将甲状腺激素改为胰岛素，将蝌蚪改为鱼，因而探究出新的实验方法：由向水中加入甲状腺激素喂养蝌蚪改为在鱼的鳃部注射适量的胰岛素。鱼的血糖浓度急剧降低影响了神经系统的功能，15分钟左右，鱼即昏厥，显示了动物激素对动物生命活动的影响。那么是否是由于胰岛素致使鱼血糖浓度降低而导致的昏厥呢？验证方法是：由鳃部注射适量的葡萄糖溶液，鱼很快复苏，由此证明是胰岛素致使鱼血糖浓度降低而导致的昏厥。

4. 培养发散的心理素质，设计新的完整实验

在生物教学中，我们要为学生营造民主、轻松的学习氛围，激发学生的思维，尤其是发散思维与逆向思维，并要培养学生创新的心理素质。例如，在

"生长素的发现"探究实验中，针对科学家做的切胚芽鞘尖端的实验，何为胚芽鞘尖端？为了搞清楚这个问题，我们选择了最佳方案：在胚芽鞘外画竖线后继续培养。经过对多组实验结果的观察，我们发现尖端的实线依然很清晰，表明尖端没有伸长；尖端以下部位变为虚线，表明其已明显生长，然后联系数学、物理等相关知识，通过"光影放大法"将实线部分尖端的长度测量出来，其长度为2 mm，精确度可达0.1 mm。这个实验的设计是对经典实验的补充与完善，是学生创新能力的体现。

5. 变验证性实验为探究性实验

设计探究实验是发现与创新的手段。新教材中实验形式虽有所改变，增加了一些实习、探究性实验，但毕竟验证性实验还占多数。教师本身缺乏创新精神，必然是先讲授知识，然后学生按要求通过实验来验证实验结果的正确性。这种做法将造成学生认识过程的思维定式，抑制了学生的创新思维。因此，这样的验证实验必须加以改变。例如，高中生物教材中，通常都是教师先讲述叶绿体的形态及细胞质的流动，然后安排学生进行实验加以验证。教师不妨先让学生进行实验，去探究叶绿体的形态及细胞质的动态，然后再进行知识总结。这似乎是将讲课与实验的顺序颠倒了，但实质是将验证性实验改变为探究性实验。学生亲自参与了知识的建构过程，其心理体验是前者无法比拟的。

第四节 实验探究能力的培养

探究性学习是学生自主地获取知识和技能、体验和了解科学探究的过程和方法、形成和提高创新意识、树立科学的价值观和活动过程。生物实验是学生生物学习中的能动的实践活动形式。生物实验为学生创设了亲自参与实践的情境，具有获知、激趣、求真、循理、育德等教育功能。生物实验的功能和探究性学习的特征决定了生物实验必然是探究性学习的重要途径。

一、培养实验探究精神和习惯

爱因斯坦说过："兴趣是最好的老师。"要培养学生的科学探究精神，就要给学生动力。动力来源于兴趣，因此要先培养学生的实验探究兴趣，再使学生养成探究习惯。

二、利用实验教学培养实验探究能力

实验探究要经过许多步骤，归纳起来有：提出问题、猜想与假设、制订计划与进行实验、收集证据、解释与结论、反思与评价、表达与交流。这一过程中的每个步骤都很重要，要结合实验的内容有针对性地利用。

1. 培养学生敢于提出问题的能力

爱因斯坦说过："提出问题有时比解决问题更重要。""从生活走进生物学，从生物学走向社会"是新课程改革的一个重要理念，学生要学以致用，会根据生活中的一些现象提炼出生物学问题，并能运用所学生物知识指导生活。在课堂教学中，教师应根据具体情况灵活提出问题，展开讨论，进而升华问题，生成新问题，通过解决问题完成课堂教学任务。学生在自学教材时，通过自己对教材的理解，发现并提出自己认为是重点的问题和不懂的问题，在生生互动时交流、讨论这些问题，互相查漏补缺，相互探讨达成共识，进而生成新问题，在师生互动时提出困惑并得到解决；在检测中进一步发现问题、探究问题、解决问题，从而达成学习目标。

问题的来源主要有三个方面：一是教师在课前根据对教材的理解、新课标的要求以及学情的分析，自己预设的问题；二是学生在自学、活动交流中发现的问题；三是在生生互动、师生互动以及检测中生成的问题。

2. 培养学生勇于猜想与假设的能力

牛顿说过："没有大胆的猜想和假设，就做不出伟大的发现。"有的学生不敢大胆地做出猜想，这就阻碍了学生探究能力的提高。因此，教师不但要启发学生针对提出的问题大胆猜想可能得出的结论，还要适时旁敲侧击，引导学生的思路。

3. 培养学生缜密设计实验方案的能力

实验方案的设计是实验探究能力培养的重中之重，关系着科学探究的成败。实验方案的设计就是根据探究的目的制订具体计划，包括实验原理的确定、药品的选择、仪器装置的选择、实验步骤的确定、实验需要注意的事项、科学探究方法的选择等。

4. 培养学生细心收集证据的能力

在实验探究过程中，面对收集到的大量实验数据，学生往往感到束手无策。因此，教师不仅要培养学生收集、获取有用数据的能力，而且要培养学生处理实验数据的能力，即运用表格、图表、坐标等形式对数据进行分析、比较、归纳和概括。

5. 培养学生勤于反思的能力

并不是所有的实验都会一帆风顺，时常会出现这样或那样的问题，特别是定量实验，容易出现偏差。尤其一些不爱动脑筋的学生总是不假思索地举手发问，遇到这种情形，教师最好不要立即告诉学生答案，而是激发、引导学生寻找可能出现问题的环节，让他们灵活运用所学的知识进行反思。

例如，利用以下材料，设计和进行一项探究，以找到叶片的面积是如何影响豆苗的蒸腾作用的速率的（时间不超过1小时）。

取五株豆苗置于盛水的烧杯中（豆苗的根被切去），红色染料溶液盛于胶瓶中，白瓷砖，刀片，两张方格纸，显微镜。

（1）这项探究的设计原理是什么？指出单一变量并描述你会如何改变它。

（2）列举出这项探究的两项假设。

（3）列举出为进行此项实验而需除去豆苗根部的两个理由。

（4）描述你的实验步骤。

（5）以表格及曲线图形式表达你的实验结果。

（6）解释你的实验结果，并为你的探究做出结论。

第五节　创造性思维能力的培养

创造性思维是人类思维的一种高级形式，是人们在创造过程中的心理活动。创造性思维应该包括这几个要素：新颖性、流畅性、变通性、精细性、可行性、指向性。引导学生掌握创造性思维的方法，是开阔学生视野、增强学生思维的灵活性和独创性、诱发学生创造的兴趣、增强学生信心的重要途径。根据心理学的研究，创造性思维的培养方法主要有以下几种。

1. 拓宽问题

一些很着急解决问题的人，由于马上就缩小问题的范围而使自己失败，这种情况是常见的。例如，我们不应该问"我怎样才能制造出一个更好的捕鼠器"？而应该问"我们如何才能消除老鼠"？这就为在更有前景的方向上进行更为广泛的搜寻开辟了道路。或许，另一种方法为做出改进提供了更好的机会，甚至会产生某种完全新的方法。

2. 把问题分解成一些子问题

这种策略不仅可以在觉察到被拓宽的问题之后使用，而且适用于各种不同的情境。把问题分解成一些子问题以后，就可以得到一些具体的、明确的问题，这就为从记忆贮存中提取信息这一步骤提供了良好的线索。具体说明越清楚，就越有把握提取适当的信息。

3. 提出问题

始终不断地提出问题是适用于整个问题解决过程的一项策略。教师应该引导学生养成提出问题的习惯。在问题解决过程的不同阶段，所提出的问题具有不同的特征。在"看出问题"阶段，提出的问题是："什么东西出毛病了？"或"还缺什么东西？""这些事实是如何相互联系的？"等。在产生解决办法的观念时，提出的问题是："这个问题的解决办法有些什么要求？"它的具体规定是什么？""我们需要哪种观念？"以及一遍又一遍地问："还有哪些办法？"在评价各种解决办法时，应提出的问题是："必须满足哪些要求？""判断的准则是什么？""这种解决办法是否满足了这些要求？"

4. 中止判断

中止判断这一策略是快速联想的一个重要方面，它要求加工和评价这两种运用在时间上完全分开。在产生观念时进行评价，会抑制提取，观念常常会"在途中就被拦截"了。在中止判断期间，所产生的观念的数量会显著增加，研究结果表明，较后产生的观念往往比前面产生的观念质量更高。

5. 持续努力

产生观念的努力不应很快就终止。典型的产生观念的速度是这样的：在刚开始时最快，之后会随着时间的推移而渐渐减慢。在你认为已经完毕之后，你应该问："还有哪些观念？"并继续提出10个观念。

6. 列举属性

列举属性方法具有对事物进行重新分类的效果，从而使它们具有更普遍的作用，更适用于不同寻常的用途。例如，如果在列举普通砖块的用途时离开通常的用途（如用作建筑材料）的话，那么就可以列举出更多的用途来，比如可以用来当门垫，可以把它碾碎当彩色粉末等。

7. 强迫形成关系

这是获得新奇观念的一种可能的途径，是迫使两件本无联系的事物形成联系，而且这种联系是以前所不知道的。例如，问自己："我怎样才能把X与Y联系起来？"

8. 尝试酝酿

在任何产生观念的阶段之后，甚至在思维者已"尝试着再出10个观念"之后，仍然要有一段时间修整一下。这期间人唯一要做的事情就是停止前面所做的各种活动。事实上，让问题停留一下，而不是忘掉这个问题是很有价值的。大多数创造性天才都证实了酝酿的重要性，酝酿是指在一段时间里停止对问题从事实际的工作，但又保持解决问题的愿望。在这种情况下，人往往会突然涌现出意想不到的好观念，出现灵感。

9. 形成分析

在个体问题解决中，形态分析是经常使用的一种特殊方法。假定一位发明者正在探索创造某些全新的交通方式的可能性，他可能考虑到现在所有运送人员的方式，他可以分几种维度考虑：

（1）各种支撑交通工具的主要的方面，如坚固的地面、铁轨、水、空气、油以及其他方面。

（2）推进交通工具的能量的种种来源，把人或兽的肌肉的力量排除在外，这些能量来源可能包括风、汽油、电力以及可以磁化的物体、地心引力、喷流和原子能等。

（3）在运行时人体的姿势，这可能包括平躺着、倚靠着、坐着或站着，或者是这些姿势的组合。

如果需要的话，还可以加上其他维度。综合考虑这些维度，对它们进行组合，就可以得到各种的交通方式，就可能获得更多新的交通方式。

10. 快速联想

这是在问题解决中使用最广泛的策略，这种方法最初是在集体思维中使用的，但它也可以被个体使用。这种方法在实施过程中，最重要的原则是"推迟评价"，即集体的任何成员不能评价任何观点，包括提出、发现观点的人。另外的原则是在数量中求质量。所产生的观点越多，那么其中有些观点就越有可能是创造性的和有用的。奥斯本在实验中以上述原则为基础，提出了四条规则：

（1）取消批判。

（2）鼓励"随心所欲"。

（3）追求数量。

（4）力求组合和改进。

教师可以在班级小组活动和教学中使用这种方法，也可以鼓励学生个体使用。

11. 引起转化

上述10种策略都是有关如何增进观念的产生方面的，创造性思维的策略还有另一方面，即智力结构中经由转化而有助于创造性思维的方面。主要的策略有：

（1）改编。这里的主要问题是："我能从另一个来源中借鉴些什么观念？"例如，一位制造商由妇女的文胸获得启示，而给奶牛生产奶罩。

（2）修改。在修改过程中，我们力图改进某件东西，或使某种想法比原来的更好一些。例如，改用透明的材料制作雨伞，使人们可以透过雨伞看到外面的情景，这受到了人们的欢迎。

（3）替代。这里的问题是："用什么来替代？""还有谁？""还有哪些方面？"等等。例如，阿基米德把王冠放入澡盆中，看它溢出了多少水，从而测出王冠的体积，就是运用了替代的策略。

（4）扩大。我们能否增添、多倍增加或扩大某些东西以期有更好的效果？事实上，这样做是合宜的。例如，各种新的发明创造一直在不断地被加在汽车、电视机和其他产品上。

（5）缩小。我们能否通过把产品做得更小，或略去某些部分，或把它分成几部分，以期获得某些好的效果？在把某些东西改小时，如手表、收音机、电脑等，无疑有明显的好处。

（6）重新排列。我们能否通过更改事物的秩序而获得什么？例如，更改日程表中的一些事件，可能会更有益。

（7）颠倒事物。这是重新排列的一种特殊的例子。例如，有些机械装置会因把某些东西颠倒过来、倒置过来或翻转过来而得到改进。

（8）组合。例如，木制的铅笔上最初是没有橡皮头的，是后来有人想到才把橡皮头加上去的。

下 篇

创新开发高中生物
实验的实践

第一章 创新设计"图表式"高中生物实验学案

《普通高中生物学课程标准（2017年版）》提出：在实验教学中，教师当以"引导学生正确、认真地完成规定实验，客观、细致地观察和描述实验现象，根据实验现象和证据进行合理的判断和分析处理，准确地总结和表达实验过程并阐明观点"的能力目标为己任，树立实验的规范意识和求是意识，倡导和培养学生的质疑意识、探究意识和创新意识。

教学设计是教学的中心环节，是教学活动的蓝图，成功的教学始于科学的教学设计。我们科学地设计了"图表式"高中生物实验学案，以图解或制表为主要教学手段，将科学实验的过程设计成学生积极参与科学探究活动的过程。"图表式"高中生物实验学案设计的载体是图解和表格，图解有图形，可以文设图和以图析文，有助于培养学生的观察力和想象力；制表具有归纳、比较的效能，有助于培养学生归纳、对比的逻辑思维能力。"图表式"高中生物实验学案设计通过简明扼要的图表，图文结合，使学习者明确实验目的、原理和操作步骤，对学生预习实验、设计实验方案、正确操作实验、完成实验报告等学习环节都具有很强的指导作用。"图表式"高中生物实验学案设计以基础知识为出发点，结合图表编排教学的主线和教学的基调，强化知识与能力的训练，这样的实验教学设计有探究性和启发性，能充分发挥学生的主体作用，锻炼学生的实验操作能力，既培养了学生在实验课中的探究精神，又培养了学生的创新能力。同时，从实验课的教学组织来看，"图表式"高中生物实验学案对指导教师进行高中生物实验教学设计也有较强的针对性、实用性、可操作性，可以较好地解决实验课的时效问题。

实验1 使用高倍显微镜观察细胞

一、实验目的

1.认识显微镜的结构，初步掌握使用显微镜的方法。

2. 使用高倍显微镜观察几种细胞，比较不同细胞的异同点。

3. 学习制作临时装片的方法。

二、实验原理

在低倍显微镜下观察各种细胞，由于放大倍数的关系，我们往往只能看到细胞壁、细胞质、细胞核等结构，但在高倍显微镜下能看到某些在低倍显微镜下无法看到的细胞结构，如可以看到叶绿体、线粒体等细胞器，这样不同的细胞在高倍显微镜下所看到的细胞结构将有所不同，从而能够区别不同的细胞。

三、材料器具

1. 观察材料：真菌细胞（酵母菌）、低等植物细胞（水绵）、高等植物细胞（莲或睡莲叶部的保卫细胞、洋葱表皮细胞）、动物细胞（鱼的红细胞或蛙的皮肤上皮细胞）。

2. 器具：显微镜、载玻片、盖玻片、镊子、双面刀片、滴管、清水。

四、实验过程

1. 练习使用显微镜

（1）光学显微镜的结构（见表2-1-1-1）

表2-1-1-1　光学显微镜的结构

光学显微镜的结构		光学显微镜的结构示意图（图2-1-1-1）
1.光学部分	由上往下顺序：目镜、镜筒、物镜（转换器）、通光孔、遮光器、反光镜	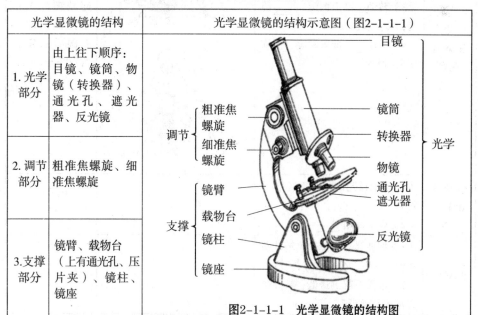
2.调节部分	粗准焦螺旋、细准焦螺旋	
3.支撑部分	镜臂、载物台（上有通光孔、压片夹）、镜柱、镜座	

图2-1-1-1　光学显微镜的结构图

（2）显微镜的操作步骤（见表2-1-1-2）

表2-1-1-2　显微镜的操作步骤表

操作步骤		操作图示	注意事项
1. 取镜和安放	（1）右手握____，左手____； （2）把显微镜放在实验台上，略偏_____； （3）装好物镜和目镜		安装物镜和目镜时，不要用手指触摸镜头；小心操作，避免镜头滑落
2. 对光	（1）转动转换器，使____对准通光孔； （2）转动遮光器，把一个较_____的光圈对准通光孔； （3）转动_____，直至看到白亮的视野		对光时，左眼注视目镜，右眼睁开
3. 低倍显微镜观察	（1）把玻片标本放在载物台上，标本正对_____； （2）转动__准焦螺旋，____镜筒，直至物镜接近玻片； （3）转动__准焦螺旋，____镜筒，直至看清物像； （4）转动____准焦螺旋，使物像更加清晰		下降镜筒时，眼睛看物镜（目的是避免下降镜筒时压碎载玻片）；上升镜筒时，左眼看目镜，右眼睁开
4. 高倍显微镜观察	（1）转动转换器，换高倍物镜； （2）观察并用_____		
5. 复原	（1）把玻片、目镜和物镜从载物台上取下、分别收好； （2）镜筒下降到最低，将显微镜存放到镜箱中		

2. 选择观察材料

小组成员分别选用上述材料中的1～2种，根据带来的材料，应该分工合作，保证上述每种材料均有人选择。你选择的观察材料是＿＿＿＿＿＿＿＿＿

＿＿＿＿＿＿＿＿＿＿＿＿＿＿＿＿＿＿＿＿＿＿＿＿＿＿＿＿＿＿＿＿＿＿。

3. 制作临时装片

临时装片的制作要分以下两种情况：

（1）酵母菌、水绵、蛙的皮肤上皮细胞等，其细胞已经是单个或单层的，制作临时装片的步骤是：在载玻片上滴一滴清水 → 用镊子夹起小块材料 → 放入载玻片上的清水中涂匀或展平 → 盖盖玻片。

（2）莲叶等由多种组织构成的材料等，其细胞是堆叠粘连在一起的，很难观察清楚，制作临时装片的步骤是：在载玻片上滴一滴清水 → 用双面刀片在叶的上表皮划一个方块（莲的保卫细胞分布于上表皮） → 用镊子撕取方块中的表皮→放入载玻片上的清水中展平 → 盖盖玻片。

4. 观察临时装片

先观察自己制作的临时装片，再交互观察。

五、实验结果与结论

请将实验中能观察到的细胞种类和细胞结构绘制成表。

六、讨 论

试归纳观察到的细胞在结构上的共同点，并描述它们之间的差异，分析产生差异的可能原因。

实验2　生物组织中可溶性糖、脂肪、蛋白质的鉴定

一、实验目的

初步学会鉴定生物组织中可溶性糖、脂肪、蛋白质的基本方法。

二、实验原理

某些化学试剂能够使生物组织中的有机化合物产生特定的颜色反应。糖

中的还原糖（如葡萄糖、果糖），与＿＿＿＿＿＿＿＿＿＿＿＿发生作用，可以生成＿＿＿＿＿＿沉淀。脂肪可以被＿＿＿＿＿＿溶液染成＿＿＿＿色。蛋白质与＿＿＿＿＿＿试剂发生作用，可以产生＿＿＿＿＿＿色反应。因此，可以根据与某些化学试剂所产生的颜色反应，鉴定生物组织中有糖、脂肪和蛋白质的存在。

三、材料用具

1. 实验材料

（1）做可溶性糖的鉴定实验，应该选择含糖量较高、颜色为＿＿＿色或近于＿＿＿色的植物组织，以＿＿＿＿＿＿＿＿为最好。

（2）做脂肪的鉴定实验，应该选择富含脂肪的种子，以＿＿＿＿＿种子为最好，实验前需将种子浸泡3～4 h。

（3）做蛋白质的鉴定实验，可用浸泡1～2 d的黄豆种子（或用豆浆），或用＿＿＿＿＿。

2. 仪器和试剂

（1）仪器：＿＿＿＿＿＿＿＿＿＿＿＿＿＿＿＿＿＿＿＿＿＿＿＿＿＿。
（2）试剂：＿＿＿＿＿＿＿＿＿，＿＿＿＿＿＿＿＿＿，＿＿＿＿＿＿＿＿＿。

四、方法步骤

1. 还原糖的鉴定（见图2-1-2-1、图2-1-2-2）

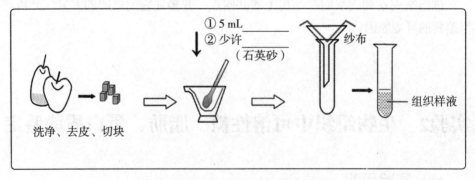

图2-1-2-1　制备还原糖的组织样液图

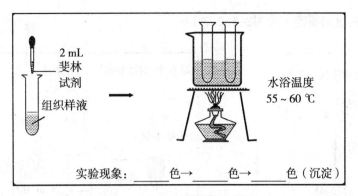

实验现象：_____色→_____色→_____色（沉淀）

图2-1-2-2　还原糖的鉴定图

2. 脂肪的鉴定（见图2-1-2-3、图2-1-2-4）

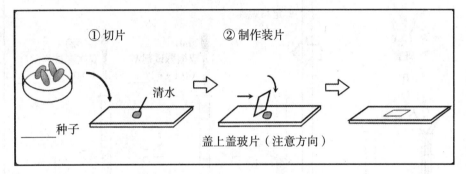

图2-1-2-3　制备脂肪组织装片图

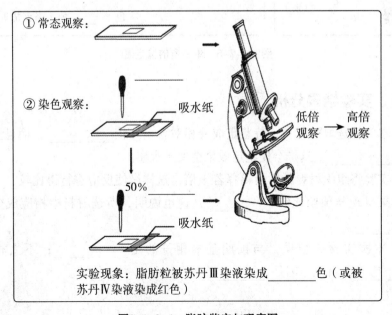

图2-1-2-4　脂肪鉴定与观察图

3. 蛋白质的鉴定（见图2-1-2-5）

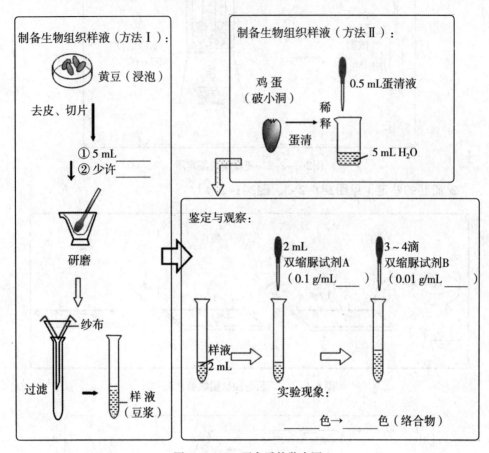

图2-1-2-5　蛋白质的鉴定图

五、实验结果分析

1. 本实验选取的材料，待鉴定成分相对含量比较_____，而且天然色素含量_____，这样会使鉴定效果更便于观察。

2. 实验将组织材料的样液稀释若干倍，这样做使反应进行得比较_____，如果效果呈现与预期比较_____，这也说明，所选材料中相应成分的含量_____。

3. 本次实验的结果，与预期基本相符的是_____；不太相符的是_____，可能原因是_____。

六、实验拓展

1. 试一试用下列实验材料做鉴定实验能否成功。

（1）用绿叶做可溶性还原糖的鉴定实验。

（2）用蓖麻种子做脂肪鉴定实验。

（3）用新鲜的牛奶做蛋白质鉴定实验。

2. 利用本实验原理，设计一个尿糖检测的实验。

实验3　观察DNA和RNA在细胞中的分布

一、实验目的

初步掌握观察DNA和RNA在细胞中分布的方法。

二、实验原理

DNA主要分布在_____内，RNA大部分存在于_____中。_____和_____两种染色剂对DNA和RNA的亲和力不同，_____使DNA呈现绿色，_____使RNA呈现红色。利用_____、_____混合染色剂将细胞染色，可以显示DNA和RNA在细胞中的分布。盐酸能够改变细胞膜的_____性，加速染色剂进入细胞，同时使染色体中的DNA与蛋白质分离，有利于DNA与染色剂结合。

三、材料器具

1. 实验材料：人的口腔上皮细胞、洋葱鳞片叶内表皮细胞。

2. 器具：大烧杯、小烧杯、温度计、滴管、消毒牙签、载玻片、盖玻片、铁架台、石棉网、火柴、酒精灯、吸水纸、显微镜。

3. 试剂：_____

_____。

四、方法步骤

DNA和RNA在细胞中的分布实验步骤如图2-1-3-1所示。

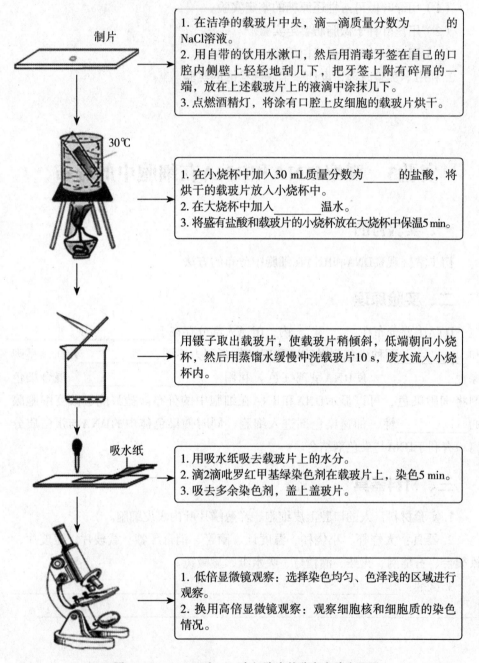

制片

1. 在洁净的载玻片中央，滴一滴质量分数为_____的NaCl溶液。
2. 用自带的饮用水漱口，然后用消毒牙签在自己的口腔内侧壁上轻轻地刮几下，把牙签上附有碎屑的一端，放在上述载玻片上的液滴中涂抹几下。
3. 点燃酒精灯，将涂有口腔上皮细胞的载玻片烘干。

30℃

1. 在小烧杯中加入30 mL质量分数为_____的盐酸，将烘干的载玻片放入小烧杯中。
2. 在大烧杯中加入_____温水。
3. 将盛有盐酸和载玻片的小烧杯放在大烧杯中保温5 min。

用镊子取出载玻片，使载玻片稍倾斜，低端朝向小烧杯，然后用蒸馏水缓慢冲洗载玻片10 s，废水流入小烧杯内。

吸水纸

1. 用吸水纸吸去载玻片上的水分。
2. 滴2滴吡罗红甲基绿染色剂在载玻片上，染色5 min。
3. 吸去多余染色剂，盖上盖玻片。

1. 低倍显微镜观察：选择染色均匀、色泽浅的区域进行观察。
2. 换用高倍显微镜观察：观察细胞核和细胞质的染色情况。

图2-1-3-1　DNA和RNA在细胞中的分布实验步骤图

五、实验结果与结论

将你观察到的实验现象记录在表格里（见表2–1–3–1），分小组讨论并得出结论。

表2–1–3–1　实验结果记录表

选用材料	细胞核颜色	细胞质颜色	结论
人的口腔上皮细胞			
洋葱鳞片叶内表皮细胞			

六、讨 论

1. 取口腔上皮细胞制片时，点燃酒精灯，将涂有口腔上皮细胞的载玻片烘干有什么作用？

2. 水解后，为什么要用蒸馏水冲洗涂片后再染色？

3. 细胞核和细胞质显示不同颜色的原因是什么？

实验4　体验制备细胞膜的方法

一、实验目的

体验用哺乳动物红细胞制备细胞膜（血影）的方法和过程。

二、实验原理

1. 细胞内的物质是有一定的浓度的，如果把细胞放在清水里，水会进入细胞，把细胞涨破。涨破的细胞释放出细胞内的物质，这样就可以得到细胞膜了。

2. 动物细胞没有细胞壁，因此选择动物细胞制备细胞膜更容易。哺乳动物成熟的红细胞中没有细胞核和众多的细胞器，用它做原料，可以避免细胞器膜和细胞核膜混合到细胞膜中。

三、材料器具

1. 实验材料：家兔（或猪、牛、羊、人）的新鲜的红细胞稀释液（血液加适量的生理盐水）。

2.器具：滴管、吸水纸、载玻片、盖玻片、显微镜。

3.试剂：质量浓度为0.1 g/mL的柠檬酸钠、质量分数为0.9%的氯化钠溶液、蒸馏水。

四、方法步骤

细胞膜的制作方法步骤如图2-1-4-1所示。

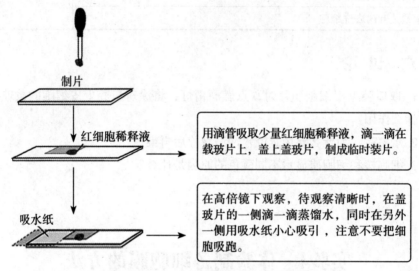

图2-1-4-1　细胞膜的制作方法步骤图

五、观察与记录

持续观察细胞的变化情况，记录观察结果，并得出最后结论。

_____

_____。

实验5　用高倍显微镜观察叶绿体和线粒体

一、实验目的

使用高倍显微镜观察叶绿体和线粒体的形态及分布情况。

二、实验原理

1. 叶绿体是绿色植物叶片细胞内最大的细胞器之一，而且数量较多，呈绿色，用高倍显微镜在_____态下不需要染色就可以清晰地看到。

2. 线粒体普遍存在于动植物细胞中，尤其在新陈代谢比较旺盛的细胞中数量较多。_____染液是针对线粒体的专一性很强的_____细胞染料，对活细胞进行染色后可以把线粒体染成_____色，便于用显微镜进行观察。

三、材料器具

1. 实验材料：新鲜的藓类叶片、金鱼藻叶、菠菜叶、水绵、衣藻等。

2. 器具：_____。

3. 试剂：新配制的质量分数为1%的健那绿染液（将0.59 g健那绿溶解于50 mL生理盐水中，加热到30～40 ℃，使其充分溶解）。

四、方法步骤

1. 观察叶绿体的形态和分布情况（见图2-1-5-1）

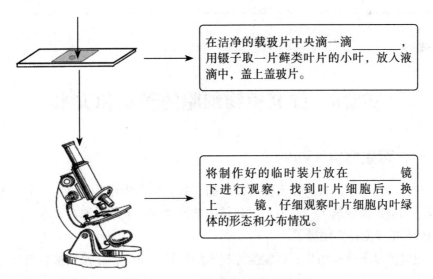

在洁净的载玻片中央滴一滴_____，用镊子取一片藓类叶片的小叶，放入液滴中，盖上盖玻片。

将制作好的临时装片放在_____镜下进行观察，找到叶片细胞后，换上_____镜，仔细观察叶片细胞内叶绿体的形态和分布情况。

图2-1-5-1　叶绿体的形态和分布图

2. 观察线粒体的形态和分布情况（见图2-1-5-2）

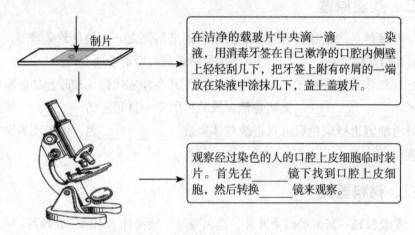

制片

在洁净的载玻片中央滴一滴＿＿＿＿染液，用消毒牙签在自己漱净的口腔内侧壁上轻轻刮几下，把牙签上附有碎屑的一端放在染液中涂抹几下，盖上盖玻片。

观察经过染色的人的口腔上皮细胞临时装片。首先在＿＿＿＿镜下找到口腔上皮细胞，然后转换＿＿＿＿镜来观察。

图2-1-5-2　观察线粒体的形态和分布图

五、实验结果与结论

请描述叶绿体和线粒体的形态和分布情况。

根据上述叶绿体和线粒体的形态和分布情况，得出的结论是：

_____

_____。

实验6　探究植物细胞的吸水和失水

一、背景材料

在一只烧杯中的黄瓜条上撒上盐和糖，我们发现烧杯里"出水"了，再过一段时间黄瓜条变软了；在另一只烧杯中把等量的黄瓜条浸泡在清水中，一段时间后黄瓜条变得更硬挺了。

现提供以下材料用具，请根据你提出的问题，小组合作探究植物细胞的吸水和失水。

材料用具：紫色的洋葱鳞片叶；刀片、镊子、胶头滴管、载玻片、盖玻片、吸水纸、显微镜、秒表；清水、蔗糖溶液（浓度梯度为0.1 g/mL、0.3 g/mL、0.5 g/mL、0.7 g/mL）、葡萄糖溶液（浓度梯度为0.1 g/mL、0.3 g/mL、0.5 g/mL、

0.7 g/mL）、NaCl溶液（浓度梯度为0.1 g/mL、0.3 g/mL、0.5 g/mL、0.7 g/mL）。

1. 根据上述情况，提出你想探究的问题。

2. 小组内讨论各自提出的问题是否有探究价值，各探究小组经讨论完成以下内容。

二、要探究的问题

A组：_____。

B组：_____。

三、做出的假设

A组：_____。

B组：_____。

四、设计的实验方案

1. 材料用具：（从上面选择你需要的）_____。

2. 实验步骤（见图2-1-6-1）

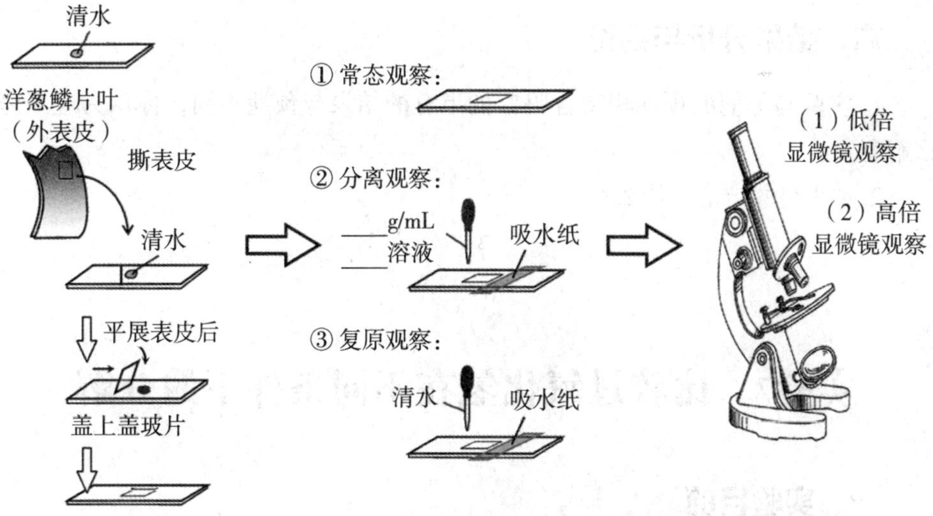

图2-1-6-1　观察植物细胞的吸水和失水实验步骤图

五、实施实验方案

认真操作，仔细观察，如实地记录实验结果。

1. 探究同种植物细胞在不同质量分数的相同溶液中的失水和吸水情况，见

表2-1-6-1。

表2-1-6-1　不同质量分数的相同溶液中细胞的失水和吸水情况表

蔗糖溶液浓度（g/mL）	时间（min）	原生质收缩程度	视野内细胞发生质壁分离细胞所占比例
0.1			
0.3			
0.5			
0.7			

2. 探究同种植物细胞在相同质量分数的不同溶液中的失水和吸水情况，见表2-1-6-2。

表2-1-6-2　相同质量分数的不同溶液中细胞的失水和吸水情况表

	0.3 g/mL蔗糖溶液		0.3 g/mL葡萄糖溶液		0.3 g/mL NaCl溶液	
时间（min）	5	10	5	10	5	10
原生质收缩程度						
视野内细胞发生质壁分离细胞所占比例						

六、结果分析与结论

1. 实验与你们的预期相吻合吗？如果有的结果与预期不同，你认为应当怎么解释？

2. 本小组的结论是什么？

实验7　比较过氧化氢在不同条件下的分解

一、实验目的

通过比较H_2O_2在不同条件下分解的快慢，了解过氧化氢酶的作用和意义。

二、实验原理

新鲜肝脏中含有_____酶，Fe^{3+}是一种无机催化剂，分别用一定数量的过氧化氢酶和Fe^{3+}催化H_2O_2分解生成H_2O和O_2，可以比较酶的催化效率。

三、材料器具

1. 实验材料：新鲜的质量分数为20%的肝脏（如猪肝、鸡肝）研磨液。

2. 器具：_____。

3. 试剂：_____。

四、方法步骤

1. 制备肝脏研磨液如图2-1-7-1所示。

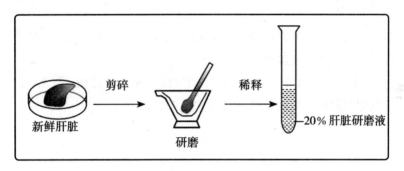

图2-1-7-1　制备肝脏研磨液图

2. 不同条件下H_2O_2分解的实验现象如图2-1-7-2所示。

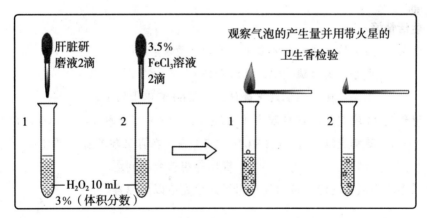

图2-1-7-2　不同条件下H_2O_2分解的实验现象图

五、实验结果与结论

请将上述实验结果与结论记录在表格内，见表2-1-7-1。

表2-1-7-1　实验结果及结论记录表

	试管编号	
	1	2
气泡冒出情况		
卫生香燃烧情况		
结论		

六、讨 论

1. 加入肝脏研磨液和$FeCl_3$溶液时，可否共用一个吸管？为什么？

2. 在细胞内，能通过加热来提高反应速率吗？

3. 1号和2号试管相比，哪支试管中的反应速率快？这说明了什么？为什么说酶对于细胞内化学反应的顺利进行至关重要？

实验8　影响酶活性的条件

生活情境：

资料1：某加酶洗衣粉包装盒上印有以下资料：

　　　　成分：蛋白酶0.2%，清洁剂15%。

　　　　用法：使用温水效果最佳，勿用60 ℃以上的水。

资料2：唾液淀粉酶在口腔内（pH为6.2~7.4）可分解淀粉，但唾液淀粉酶随唾液流入胃（pH为0.9~1.5）内，在胃里却不能分解淀粉。

根据上述情境，三人为一小组，提出你想探究的问题。

与本小组成员交流，各探究小组经讨论完成以下内容。

一、要探究的问题

_____。

二、做出的假设

_____。

三、设计的实验方案

根据你提出的问题，小组合作探究影响酶活性的条件。现提供以下材料用具，请根据你们的实验方案选取需要的材料用具，并在空白处填上它们的序号。

酶溶液：①质量分数为2%的α-淀粉酶溶液；②新鲜的肝脏研磨液（含过氧化氢酶）。

底物：①质量分数为3%的可溶性淀粉溶液（酸性条件下会分解）；②质量分数为3%的H_2O_2溶液（高温分解加快）。

试剂：①碘液；②斐林试剂（甲液、乙液）（使用时要加热）；③质量分数为5%的盐酸；④质量分数为5%的NaOH溶液；⑤蒸馏水。

用具：

A组：试管、试管架、量筒、滴管、温度计、冰块、水浴箱、烧杯、酒精灯、三脚架、石棉网、火柴。

B组：试管、试管架、量筒、滴管、pH试纸。

1. 小组探究的题目：不同_____对酶活性的影响；选用的酶：_____；选用的底物（反应物）：_____。

2. 试剂及用具：_____。

3. 实验步骤：

（1）探究温度对酶活性的影响

① 要探究温度对酶活性的影响，你将设定哪几个温度？怎样将温度分别调到设定的数值？

② 图2-1-8-1是甲、乙两位学生探究温度对酶活性的影响的操作方案，你认为哪位学生的方案更合理？

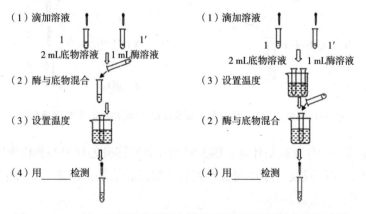

图2-1-8-1 甲、乙两位学生探究温度对酶活性的影响实验操作图

③ 本实验的自变量是什么？因变量是什么？你会怎样观察和检测因变量？

④ 根据你的假设，你预期会看到怎样的实验结果？在你所设计的表格中填写你的预测结果，见表2-1-8-1。

表2-1-8-1　测试表

试管编号	1	1′	2	2′	3	3′	……
设置的温度							
预测结果							
实测结果							

（2）探究pH对酶活性的影响

① 要探究pH对酶活性的影响，你将设定哪几个pH环境？怎样创设不同的pH环境？

② 图2-1-8-2是丙、丁两位学生探究pH对酶活性的影响的操作方案，你认为哪位学生的方案更合理？

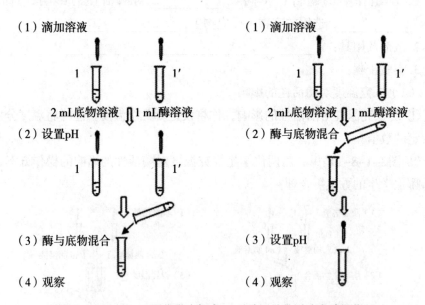

图2-1-8-2　丙、丁两位学生探究pH对酶活性的影响实验操作图

③ 本实验的自变量是什么？因变量是什么？你会怎样观察和检测因变量？

④ 根据你的假设，你预期会看到怎样的实验结果？在你所设计的表格中填写预测结果，见表2-1-8-2。

表2-1-8-2　测试表

试管编号	1	1′	2	2′	3	3′	……
设置的pH							
预测结果							
实测结果							

四、实施实验方案

要求：明确分工，仔细观察，认真记录，并将实验结果填入你所设计的实验表格中。

五、结果分析与结论

1. 在你所设计的实验中，哪支试管中的酶活性最高？你是怎样得出这一结果的？

2. 实验与你的预期相吻合吗？如果有的结果与预期不同，你认为应当怎么解释？

3. 通过探究，你们小组的结论是什么？尝试应用酶的化学本质的知识，解释本小组的结论。

结论：酶的作用条件较_____。

六、表达和交流

与其他小组交流探究过程中出现的问题，例如，在实验中你观察到了什么意外现象，由此你想到了什么？

七、进一步探究的问题

_____。

实验9　酵母菌细胞的呼吸方式

一、背景材料

1. 酵母菌细胞的两种呼吸方式

酵母菌是一种单细胞真菌，在有氧和无氧的条件下都能生存，属于兼性厌氧菌，因此人们常用它来研究细胞呼吸的不同方式。

有氧呼吸和无氧呼吸的反应式：

酵母菌进行有氧呼吸：$C_6H_{12}O_6+6O_2+6H_2O \xrightarrow{\text{酶}} 12H_2O+6CO_2+$能量

酵母菌进行无氧呼吸：$C_6H_{12}O_6 \xrightarrow{\text{酶}} 2C_2H_5OH+2CO_2+$能量

2. CO_2的检测方法

用锥形瓶和其他材料器具组装好实验装置，如图2-1-9-1，并连通橡皮球（或气泵），让空气间断而持续地依次通过3个锥形瓶（约50 min）。然后将实验装置放到25～35 ℃的环境中培养8～10 h。CO_2可使澄清石灰水变浑浊，也可使溴麝香草酚蓝水溶液由蓝色变成绿色再变成黄色。根据石灰水浑浊程度或溴麝香草酚蓝水溶液变成黄色的时间长短，可以检测酵母菌培养液中CO_2的情况。想一想，除了这两种检测方法，还有没有其他方法？

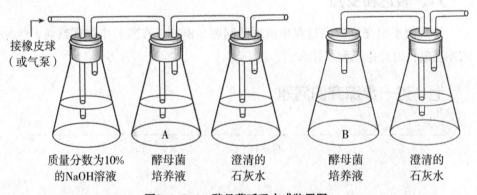

接橡皮球
（或气泵）

质量分数为10%　　　酵母菌　　　澄清的　　　　　酵母菌　　　澄清的
的NaOH溶液　　　　培养液　　　石灰水　　　　　培养液　　　石灰水

A　　　　　　　　　　　　　　　B

图2-1-9-1　酵母菌呼吸方式装置图

3. 乙醇的检测方法

橙色的重铬酸钾溶液，在酸性条件下与乙醇发生化学反应，变成灰绿色。具体做法：各取2 mL酵母菌培养液的滤液，分别注入2支干净的试管中。向试管中分别滴加0.5 mL溶有0.19 g重铬酸钾的浓硫酸溶液（体积分数为95%～97%）并轻轻振荡，使之混合均匀。观察试管中溶液的颜色变化。

实验原理：

思考题1：酵母菌是一种单细胞真菌，在有氧和无氧的条件下都能生存，属＿＿＿＿＿＿＿菌，因此便于用来研究细胞呼吸的不同方式。

思考题2：CO_2可使＿＿＿＿＿＿＿＿＿＿＿＿变浑浊，也可使＿＿＿＿＿＿＿＿＿＿＿＿溶液由蓝色变成绿色再变成黄色。根据＿＿＿＿＿＿＿＿＿＿＿＿＿＿浑浊程度或＿＿＿＿＿＿＿＿＿＿＿＿＿＿＿＿溶液变成黄色的时间长短，可以检测酵母菌培养液中CO_2的产生情况。

思考题3：橙色的＿＿＿＿＿＿＿＿＿＿＿＿＿＿溶液，在＿＿＿＿＿＿＿＿＿＿＿＿＿＿＿＿＿＿＿条件下与乙醇（酒精）发生化学反应，变成＿＿＿＿＿＿＿＿＿＿＿。

二、提出问题

平时我们吃的馒头、面包之所以松软多孔，就是因为在和面时加入了酵母菌，经发酵产生的气体遇热膨胀所致。想一想关于酵母菌细胞呼吸的方式，你还有哪些不清楚的地方，提出要探究的问题。

你提出的要探究的问题是＿＿＿。

三、做出假设

针对你提出的问题做出假设，如酵母菌发酵时所产生的气体是＿＿。

四、制订计划

1. 你选择的实验材料是：鲜酵母菌培养液。

2. 你选择的实验器具和试剂分别是什么？

器具：试管、烧杯、量筒、玻璃管（弯成n形）、温度计、玻璃棒、橡皮塞（中间钻孔）、铁架台、铁夹、酒精灯、石棉网、火柴。

试剂：质量分数为5%葡萄糖溶液、质量分数为0.1%的溴麝香草酚蓝水溶液。

五、设计实验方案

六、实验过程

请将有氧呼吸、无氧呼吸实验结果记录在表格内，见表2-1-9-1。

表2-1-9-1　有氧呼吸、无氧呼吸实验结果记录表

实验操作	实验现象	结论
有氧条件		
无氧条件		

七、小组汇报

_____。

八、讨论交流

1. 某小组对有氧呼吸实验装置的实验操作中，将酵母菌培养液取样鉴定，鉴定出也含有酒精，这是为什么？

2. 在实验中，有学生发现和有氧装置相连的澄清石灰水在出现浑浊后又慢慢变澄清了，对此他觉得该实验现象不能说明酵母菌能进行有氧呼吸产生CO_2。你如何看待这个问题？

实验10　绿叶中色素的提取和分离

一、实验目的

1.尝试用过滤方法提取叶绿体中的色素和用纸层析法分离提取色素。

2.分析实验结果，探究叶绿体中有几种色素，以及各种色素所呈现的颜色。

二、实验原理

1.叶绿体中色素提取的原理是：光合色素位于叶绿体中的_____上，要把它提取出来必须破坏叶表皮、细胞壁和细胞膜、叶绿体的双层膜等，因此要剪碎叶片后加_____研磨，还要加入_____使色素溶解，来提取各种色素，另外还要加_____以防止叶绿素被破坏。叶绿体中的色素溶解于有机溶剂（如酒精或丙酮）中，形成色素液。

2.叶绿素中色素分离的原理是：四种色素在层析液中_____不同，因而随层析液在滤纸条上_____的速度不同，其中胡萝卜素在层析液中的_____最高，_____最快，叶黄素和叶绿素a次之，叶绿素b含量最低、运动最慢。从而将各色素分离开来。

3.叶绿体色素不溶于水，而溶于_____，所以可以用_____提取叶绿体的色素。叶绿体色素可以在浸入层析液中的滤纸条上扩散分层，是因为不同色素在层析液中的_____不同，所以在滤纸条上扩散_____不同。

三、材料器具

1.实验材料：新鲜的绿叶（如菠菜的绿叶）。

2.器具：_____。

3.试剂：_____。

四、方法步骤

绿叶中色素的提取和分离实验过程操作指引表见表2-1-10-1。

表2-1-10-1　绿叶中色素的提取和分离实验过程操作指引表

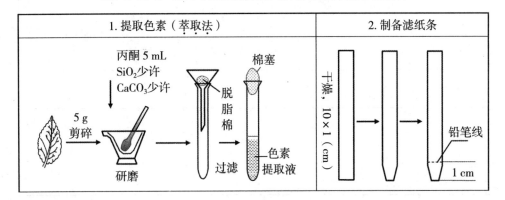

续 表

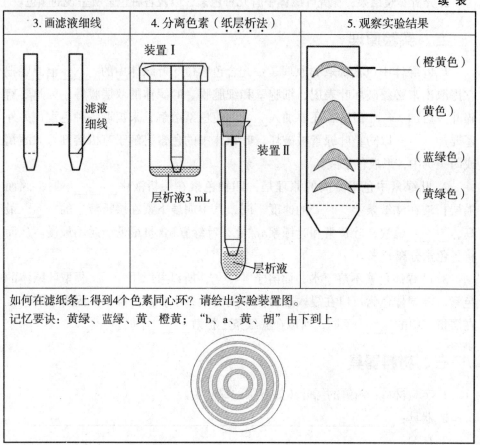

3.画滤液细线	4.分离色素（纸层析法）	5.观察实验结果

如何在滤纸条上得到4个色素同心环？请绘出实验装置图。

记忆要诀：黄绿、蓝绿、黄、橙黄；"b、a、黄、胡"由下到上

五、实验结果与结论

通过上面的实验，你可以得出哪些结论？

小组汇报

讨论交流：你们小组对本实验有哪些方面的改进和创新？

实验11　观察植物根尖分生组织细胞的有丝分裂

植物根尖分生组织细胞的有丝分裂实验学案表见表2-1-11-1。

表2-1-11-1　植物根尖分生组织细胞的有丝分裂实验学案表

实验名称				
实验目的				
实验原理				
材料用具				
方法步骤				
1. 培养	2. 装片制作	[答案：取材→解离→漂洗→染色→制片（压片）]		
	①　　　→	②	③	④

（图示）：

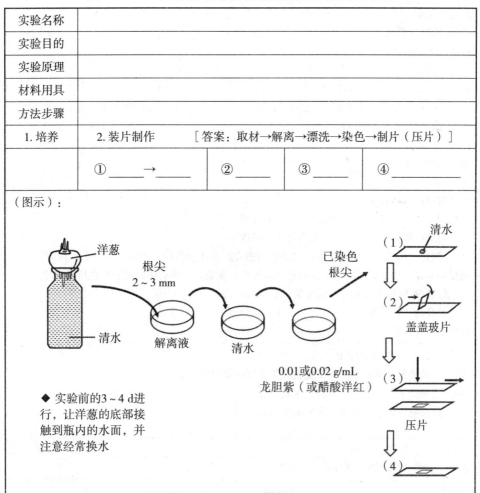

洋葱

根尖 2～3 mm

已染色 根尖

清水

盖盖玻片

压片

清水

解离液

清水

0.01或0.02 g/mL 龙胆紫（或醋酸洋红）

◆ 实验前的3～4 d进行，让洋葱的底部接触到瓶内的水面，并注意经常换水

（1）

（2）

（3）

（4）

3. 观察	（1）低倍观察 把制作成的洋葱根尖装片，先放在低倍显微镜下观察，慢慢移动装片，要求找到分生区细胞，分生区的特点：_____ _____ （2）高倍观察 找到分生区细胞后，换上高倍物镜，用细准焦螺旋和反光镜把视野调整清晰，直到看清细胞物像为止。仔细观察，找出处于细胞分裂期的细胞，注意观察前期、中期、后期、末期的细胞内染色体变化的特点

实验过程说明：

1. 培养

根长到_____cm时，长势最佳、分裂的细胞多。

2. 装片制作

（1）取材→解离

解离时间：3～5 min

取材：剪取根尖_____mm，为根尖_____所在范围。

解离液：15%_____的溶液＋95%_____（体积分数）（1：1）

解离目的：破坏细胞的中胶层，使细胞彼此_____。（注：分离）

（2）漂洗

漂洗时间：10 min

漂洗目的：洗去_____，便于_____。

（3）染色

染色时间：3～5 min

染色剂：_____或_____g/mL龙胆紫（或醋酸洋红），为_____性染料。

染色目的：将_____（或染色质）染成深色。

（4）制片（压片）：用镊子取出已染色的根尖，放在载玻片上，滴一滴清水，并用镊子尖把根尖弄碎，盖上盖玻片，在盖玻片上再加一片载玻片，然后用拇指轻轻地压盖玻片。

（*盖盖玻片时注意方向，以避免装片有气泡形成）

压片的目的：使细胞_____。（注：分散）

理想的装片，材料呈_____状。（注：云雾）

实验现象、实验结果的分析：

（1）正常情况下可在显微镜下找到处于不同分裂期的细胞。

（2）显微镜下可观察到大部分细胞处于分裂_____，因为_____时间长。

（3）如果染色效果不理想，可能的原因有：

_____。

（4）由于实验过程使用了_____、_____、_____等试剂，细胞已被杀死，所观察到的细胞都静止于某时期。

我看到的是_____期细胞图。

实验拓展:

你对自己制作的洋葱根尖细胞有丝分裂装片是否满意?装片的不足是什么?根据自己的体会,说说制作好洋葱根尖细胞有丝分裂临时装片的关键是什么。

实验12 观察蝗虫精母细胞减数分裂固定装片

一、实验目的

观察蝗虫精母细胞减数分裂固定装片,识别减数分裂不同阶段染色体的形态、位置和数目,加深对减数分裂过程的理解。

二、实验原理

蝗虫的精母细胞进行减数分裂形成精细胞,再形成精子。此过程要经过两次连续的细胞分裂:减数第一次分裂和减数第二次分裂。在此过程中,细胞中的染色体形态、位置和数目都在不断地发生变化,因而可据此识别减数分裂的各个时期。

三、方法步骤

1. 观察蝗虫精母细胞减数分裂固定装片步骤如图2-1-12-1所示。

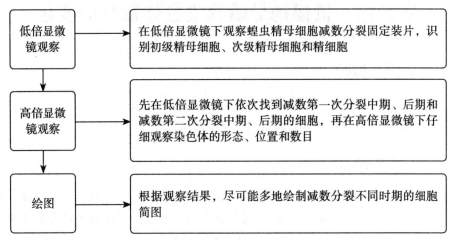

图2-1-12-1 观察蝗虫精母细胞减数分裂固定装片步骤图

2.蝗虫精母细胞减数分裂示意图如图2-1-12-2所示。

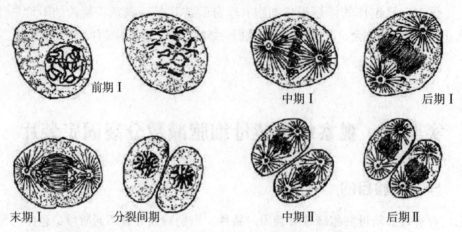

图2-1-12-2　蝗虫精母细胞减数分裂示意图

四、思考与讨论

1. 当你的目光聚焦在显微镜视野中的一个细胞时，你怎么判断它是处于减数第一次分裂时期，还是处于减数第二次分裂时期？

2. 减数第一次分裂与减数第二次分裂相比，中期细胞中染色体的不同点是什么？末期呢？

实验13　低温诱导植物染色体数目的变化

一、实验目的

1.学习低温诱导植物染色体数目变化的方法。

2.理解低温诱导植物染色体数目变化的作用机制。

二、实验原理

1. 进行正常有丝分裂的植物分生组织细胞，在有丝分裂后期，染色体的着丝点分裂，子染色体在纺锤丝的作用下分别移向两极，最终被平均分配到两个子细胞中去。

2. 用低温处理植物组织细胞，使纺锤体的形成受到抑制，以致影响染色体被拉向两极，细胞也不能分裂成两个子细胞，于是，植物细胞染色体数目发生变化。

三、方法步骤

低温诱导植物染色体步骤如图2-1-13-1所示。

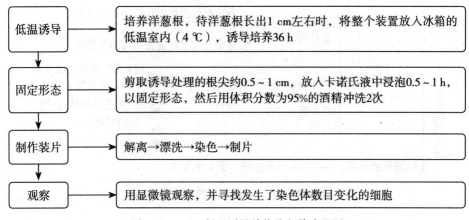

图2-1-13-1　低温诱导植物染色体步骤图

四、思考与讨论

1.除低温诱导外，还有哪些常用的诱导染色体数目加倍的方法？简述其原理。

2.多倍体育种在生产上有什么应用价值？

实验14　调查人群中的遗传病

一、实验目的

1.初步学会调查和统计人类遗传病的方法。

2.通过对人类的几种遗传病的调查，了解这几种遗传病的发病情况。

3.通过实际调查，培养接触社会并从社会中直接获取资料或数据的能力。

二、实验原理

显性遗传病具有世代相传的特点，隐性遗传病隔代出现。伴X染色体隐性遗传病的遗传特点是交叉遗传，隔代出现，患者男性多于女性；伴X染色体显性遗传病的遗传特点是世代相传，患者女性多于男性。

遗传病类型：

1. 单基因遗传病，是指受一对等位基因控制的遗传病。单基因遗传病分类如图2-1-14-1所示。

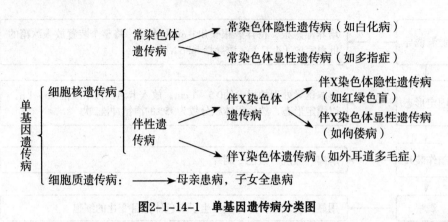

图2-1-14-1　单基因遗传病分类图

2. 多基因遗传病，是指受两对或两对以上的等位基因控制的人类遗传病，如原发性高血压。

3. 染色体异常遗传病，是由染色体异常引起的遗传病，如21三体综合征。

三、方法步骤

1. 确定调查的目的要求：确定课题。

2. 制订调查的计划：以小组为单位开展调查工作，其程序如下：

（1）以组为单位，确定组内人员。

（2）确定调查病例。

（3）制定调查记录表。

（4）明确调查方式。

（5）讨论调查时应注意的问题。

3. 实施调查活动：每个小组调查周围熟悉的几个家系中的遗传病的情况。调查时，最好选取群体中发病率较高的单基因遗传病，如红绿色盲、白化病等。

4. 整理分析调查资料：为保证调查的群体足够大，小组调查的数据应在班级和年级中进行汇总。某种遗传病的发病率=（某种遗传病的患病人数/某种遗传病的被调查人数）×100%。

5. 得出调查结论，撰写调查报告，汇报交流调查结果。

实验15　植物生长素类似物促进扦插枝条

生根的最适浓度

一、实验目的

1. 了解植物生长调节剂的作用。

2. 培养进行实验设计的能力。

二、实验原理

1. 植物生长调节剂对植物插条的生根情况有很大的影响，而且不同浓度、不同时间处理其影响程度亦不同。其影响存在一个最适浓度，在此浓度下，植物插条的生根数量最多，生长最快。

思考题1：什么是植物生长调节剂？

_____。

2. 处理插条方法。

（1）浸泡法：把插条的基部浸泡在配制好的溶液中，深约3 cm，处理几个小时至一天。（要求的溶液浓度较低，并且最好是在遮阴和空气湿度较高的地方进行处理）

（2）沾蘸法：把插条基部在浓度较高的药液中蘸一下（约5 s），深约1.5 cm即可。

三、探究活动

提出问题→作出假设→设计实验（包括选择实验材料、选择实验器具、确定实验步骤、设计实验记录表格）→实施实验→分析与结论→表达与交流。

参考案例如下。

1. 提出问题

不同浓度的生长素类似物，如2，4-D或NAA，促进杨树插条生根的最适浓度是多少？

思考题2：什么是生长素类似物？

_____。

2. 做出假设

适宜浓度的2，4-D或NAA可以使杨树或月季插条基部的薄壁细胞恢复分裂能力，产生愈伤组织，长出大量不定根。

3. 预测实验结果

经过一段时间后（约3~5 d），用适宜浓度的2，4-D或NAA处理过的插条基部和树皮皮孔处（插条下1/3处）出现白色根原体，此后逐渐长出大量不定根；而用较低浓度、较高浓度或清水处理的枝条长出极少量的不定根或不生根。

4. 方法步骤

（1）选择生长素类似物：2，4-D或NAA等。

（2）配制生长素类似物的浓度梯度：用容量瓶分别配成0.2 mg/mL、0.4 mg/mL、0.6 mg/mL、0.8 mg/mL、1 mg/mL、2 mg/mL、3 mg/mL、4 mg/mL、5 mg/mL的生长素类似物溶液，分别装入小磨口瓶中，及时贴上相应标签。

（3）制作插条：以1年生苗木为最好（1年或2年生枝条形成层细胞分裂能力强、发育快、易成活），枝条的形态学上端为平面，下端要削成斜面，并将插条随机分成等量10组并编号。

（4）处理插条：用配制的上述不同浓度的生长素类似物分别浸泡1~9组插条，用清水浸泡第10组插条，处理一天。

（5）培养插条：将处理过的插条下端浸在清水中，注意保持温度（25~30 ℃）。

（6）观察记录：观察记录各小组实验材料的生根情况（见表2-1-15-1），如生根条数，最长根与最短根的长度等。

表2-1-15-1　学生分组实验记录表

时间（d）		浓度（mg/mL）									清水
		0.2	0.4	0.6	0.8	1	2	3	4	5	
第一天	1										
	2										
	3										
	4										
	平均										

续 表

时间（d）		浓度（mg/mL）									
		0.2	0.4	0.6	0.8	1	2	3	4	5	清水
第二天	1										
	2										
	3										
	4										
	平均										
第三天	1										
	2										
	3										
	4										
	平均										
第四天	1										
	2										
	3										
	4										
	平均										
第五天	1										
	2										
	3										
	4										
	平均										

5. 分析实验结果，得出实验结论

按照小组分工认真进行观察，实事求是地对实验前、实验中（包括课内、课外）和实验后插条生根的情况进行记录，并及时整理数据，绘制成表格或图形；分析实验结果与实验预测是否一致，得出探究实验的结论。不要求实验结果都一致，但要求有分析研究。

6. 表达与交流

实验小组的每个成员都要写出自己个性化的实验报告，向小组和全班汇报探究过程、结果、经验、教训或体会，包括在科学态度、科学方法和科学精神方面的收获。

思考题3：在上述实验设计中，你认为应该考虑哪些与本实验相关的其他因素？

_____。

四、思考与讨论

1. 本实验采用了哪些对照实验法？其目的是什么？

2. 为什么要选取一年生的枝条？插条下端为什么要削成斜面？

3. 就此次探究活动而言，你们小组还能做进一步的探究吗？生长素类似物促进这种植物生根的浓度，会因为季节的变化和枝条的老幼而有差异吗？

实验16　用样方法调查草地中某双子叶植物的种群密度

一、实验原理

种群密度是指单位空间内某种群的个体数量。研究者通常只计数种群的_____，用来估计_____的种群密度，这种方法称为_____法。

在对植物的取样调查中，常常采用_____法，也就是说，在被调查种群的生存环境内，选取若干个_____，通过计数每个样方内的个体数，求得每个样方的种群密度，以所有样方种群密度的_____作为该种群的种群密度。

通过小组讨论，确定要探究的问题是_____。

二、做出假设

对于本组提出的探究问题，你们做出的假设是：

_____。

三、制订计划

1. 材料用具

请认真讨论，详细列出需要携带的器具：

_____。

2. 方法步骤

（1）记录小组成员的分工。

（2）确定调查对象。实地观察该地段中有哪些双子叶草本植物，选择你们熟悉的、容易识别的植物种类为调查对象：＿＿＿＿＿＿＿＿＿＿＿＿

＿＿＿＿＿＿＿＿＿＿＿＿＿＿＿＿＿＿＿＿＿＿＿＿＿＿＿＿＿＿＿＿。

（3）确定调查方法。实地观察调查对象的分布状况和地段的形状，讨论确定以下问题。

调查地点和范围：＿＿＿＿＿＿＿＿＿＿＿＿＿＿＿＿＿＿＿＿＿＿。

取样的方法：＿＿＿＿＿＿＿＿＿＿＿＿＿＿＿＿＿＿＿＿＿＿＿＿＿。

样方的面积：＿＿＿＿＿＿＿＿＿＿＿＿＿＿＿＿＿＿＿＿＿＿＿＿＿。

样方的数目：＿＿＿＿＿＿＿＿＿＿＿＿＿＿＿＿＿＿＿＿＿＿＿＿＿。

（4）设计调查记录表。请参考以下例子，设计符合你们小组调查方案的记录表，使它能全面记录和反映你们的调查成果，见表2-1-16-1、表2-1-16-2。

表2-1-16-1　调查方案表

调查小组成员			
调查对象			
调查地段		地段面积	
取样方法		样方面积	
样方数量		调查时间	

表2-1-16-2　植物种群密度调查记录表

	种群1	种群2	种群3	种群4
样方1				
样方2				
样方3				
样方4				
样方5				
样方6				
种群密度（株/m²）				

四、实施计划

采用样方法调查草地中某双子叶植物的种群密度的步骤如图2-1-16-1所示。

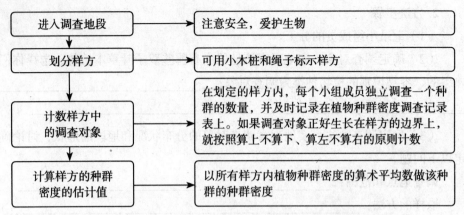

图2-1-16-1　采用样方法调查草地中某双子叶植物的种群密度的步骤图

五、分析与结论

分析调查结果，你们得出的结论是：

_____。

六、表达与交流

1. 完成调查报告，小组间进行交流，比较各小组对同一种群的调查结果，同时将不同小组的调查结果经计算后取平均值。

2. 各小组和全班对同一种群的估计值有没有差别？如果有，原因是什么？本小组的调查方法有没有值得改进的地方？

实验17　培养液中酵母菌种群数量的动态变化

一、实验目的

1. 通过探究培养液中酵母菌种群数量的变化，尝试建构种群增长的数学模型。
2. 用数学模型解释种群数量的变化。
3. 学会使用血细胞计数板进行计数。

二、实验原理

1. 在含糖的液体培养基（培养液）中，酵母菌繁殖很快，迅速形成一个封闭容器内的酵母菌种群，血细胞计数板可以测定封闭容器内的酵母菌种群随时间而发生的数量变化。

2. 养分、空间、温度和有毒排泄物等是影响种群数量持续增长的限制因素。

3. 酵母菌计数方法：抽样检测法。

先将盖玻片放在计数室上，用吸管吸取培养液，滴于盖玻片的边缘，让培养液自行渗入，多余培养液用滤纸吸去。稍等片刻，待细胞全部沉降到计数室底部，将计数板放在载物台的中央，计数一个小方格内的酵母菌数量，再以此为根据，估算试管中的酵母菌总数。

注意：从试管中吸出培养液进行计数之前，要将试管轻轻振荡几次。

三、方法步骤

提出问题→做出假设→讨论探究思路→制订计划→实施计划→按计划中确定的工作流程认真操作，做好实验记录→分析结果，得出结论→将记录的数据用曲线图表示出来。

案例：

1. 提出问题

酵母菌种群的数量是怎样随时间而变化的？温度是否会影响酵母菌的生长？养分是否会影响酵母菌的生长？

2. 设计实验

将24支试管分成A、B、C三组，每组8支。A组为实验组，装培养液10 mL，酵母菌母液0.1 mL，环境温度28 ℃；B组装培养液10 mL，酵母菌母液0.1 mL，环境温度5 ℃，与A组形成温度条件对照；C组不装培养液，只装无菌水10 mL，酵母菌母液0.1 mL，环境温度28 ℃，与A组形成营养条件对照。实验设计方案见表2-1-17-1。

表2-1-17-1　实验设计方案表

试管编号	培养液（mL）	无菌水（mL）	酵母菌母液（mL）	温度（℃）
A	10	—	0.1	28
B	10	—	0.1	5
C	—	10	0.1	28

3. 实验操作

（1）配制无菌马铃薯培养液和酵母菌母液。

（2）预先设计分装。先每次用10 mL刻度吸管吸取10 mL培养液到A组和B组试管，用另一支10 mL刻度吸管吸取10 mL无菌水到C组试管。待分装完毕，每支试管加塞后把试管扎成捆后，然后用记号笔分别注明培养基的名称、组别、日期。

（3）用高压蒸汽灭菌锅灭菌。

（4）接种菌种：往每支试管中加入用灭菌干净的1 mL刻度吸管吸取的0.1 mL酵母菌母液。

（5）培养：将A、C组试管置于28 ℃的恒温箱中培养。将B组试管置于5 ℃的恒温箱中培养。（5 ℃的恒温箱可由某些型号冰箱保温室设定5 ℃代替）

（6）计数和记录：每天取样时间大体一致，每次每组按序号取一支试管。计数过程中一定要遵守无菌操作规范，取样的吸管要干净且分开使用，每次取样前要将试管振荡摇匀。

在显微镜下进行细胞计数，然后立即将数据填写到记录表格中。

思考题1：如果一个小方格内酵母菌过多，难以数清，应当采取怎样的措施?

_____。

4. 分析结果，得出结论

将记录的数据用曲线图表示出来。

思考题2：怎样记录结果？记录表应怎样设计？

_____。

实验18　土壤中小动物类群丰富度的研究

一、实验目的

1. 初步学会动物类群丰富度的统计方法。
2. 要求能对土壤中部分常见的动物进行分类。
3. 学会设计表格进行观察和统计。

二、实验原理

1. 土壤是无数小动物的家园，这些小动物对动植物遗体的分解起着重要的辅助作用。

2. 许多土壤中的动物有较强的活动能力，且身体微小，因此常用取样器取样法进行采集、调查。

3. 丰富度的统计方法通常有两种：一种是记名计算法（记名计算法是指在一定面积的样地中，直接数出各种群的个体数目，一般用于个体较大、种群数量有限的群落）；另一种是目测估计法（目测估计法是按预先确定的丰富度等级来估计单位面积上个体数量的多少，等级的划分和表示方法有"非常多、多、较多、较少、很少"等）。

三、方法步骤

1. 提出问题

例如，土壤中有哪些小动物？它们的种群密度是多少？

2. 制订计划

研究计划表见表2-1-18-1。

表2-1-18-1 研究计划表

步骤	时间	地点	内容	方法	备注
第一步	×年×月×日		环境考察	观察与测量	带温度计、干湿计、记录本
第二步					
……					

3. 实施计划

本研究包括取样、观察和分类、统计和分析三个操作环节。

（1）准备：①制作取样器。可选择直径为5 cm的硬金属饮料罐，在高度为5 cm处剪断，这样的取样器容积约为100 mL。②记录调查地点的地形和环境的主要情况。

（2）取样：用取样器取样，倒入塑料袋中，并在塑料袋上标明取样的时间、地点和取样人的姓名。

（3）采集小动物：可以使用诱虫器取样，比较方便，且效果较好，但时间可能要长一些。也可用简易采集法：将采集到的土壤放在瓷盆内，用放大镜观察，同时用解剖针寻找。发现体型较大的动物，可用包着纱布的镊子取出，体型较小的动物可用吸虫管采集。采集到的小动物可放入70%酒精中，或可将活着的小动物放入试管中。

（4）观察和分类：确定动物名称并进行分类，较小的动物可借助于放大镜、实体镜进行观察。

（5）统计和分析：将收集的数据填入自己设计的数据统计表，并据此进行数据分析。

四、思考与讨论

1. 随着季节的不同，土壤中的小动物的丰富度还会相同吗？为什么？

_____。

2. 如果要调查水中小动物类群的丰富度，应如何对研究方法进行改进？

_____。

实验19　土壤微生物对淀粉的分解作用

一、提出问题

土壤微生物能分解淀粉吗？

二、做出假设

_____。

三、设计实验

1. 采集土壤（见表2-1-19-1）。

表2-1-19-1　记录表

组别	时间	地点	环境描述	天气

2. 制备土壤浸出液，静置土壤浸出液，设置对照（见表2-1-19-2）。

表2-1-19-2　记录表

组别	静置时间	地点	环境描述	淀粉质量浓度	淀粉量	气温

四、进行实验

1. 检验淀粉是否分解（见表2-1-19-3）。

表2-1-19-3　淀粉是否分解测试表

试管编号	A1	B1
组别	实验组	对照组
实验溶液及用量		
检测试剂及用量		
预测结果		
实际结果		

2. 检验麦芽糖、葡萄糖等可溶性还原糖是否生成（见表2-1-19-4）。

表2-1-19-4　麦芽糖、葡萄糖等可溶性还原糖是否生成测试表

试管编号	A2	B2
组别	实验组	对照组
实验溶液及用量		
检测试剂及用量		
预测结果		
实际结果		

五、分析结果、得出结论、表达和交流

实际结果和预测结果是否相符？

_____。

实验中观察到的"意外"现象：

_____。

你认为"意外"的原因是什么？

_____。

实验结论：_____。

六、进一步探究

探究讨论表见表2-1-19-5。

表2-1-19-5　探究讨论表

土壤来源	静置环境	淀粉量	条件分析	交流讨论	结果反馈

续 表

土壤来源	静置环境	淀粉量	条件分析	交流讨论	结果反馈

小组进一步探究的问题:

_____。

七、探究实验收获

你已经掌握的实验原则有哪些?

_____。

通过本节课的学习,你又掌握了哪些科学实验的方法?

_____。

实验20　设计一个生态缸并观察其稳定性

一、实验目的

设计一个生态缸,并观察这一人工生态系统中的群落演替。

二、实验原理

在有限的空间内,依据生态系统原理,将生态系统具有的基本成分进行组织,构建一个人工微生态系统是可能的。但这个人工生态系统的稳定性可能是短暂的,它会发生群落演替。

三、实验步骤

按100 cm × 70 cm × 50 cm的标准制作生态缸框架。

在生态缸底部铺垫沙土和花土,花土在下,一边高,一边低;沙土在上,沙土层厚5~10 cm。往缸内低处倒水,将收集或购买的动物和植物放在生态缸中,其中浮萍、水草与小乌龟放在水中,仙人掌或仙人球移植到沙土上,蕨类植物和杂草移植到花土上，蚯蚓与蜗牛也放置在花土上。

封上生态缸盖。将生态缸放置于室内通风、光线良好的地方，但要避免阳光直接照射。

每天观察一次生态缸内的生物种类与数量变化，并且进行记录，连续观察一星期，可将观察结果记录在表格中，见表2-1-20-1。

表2-1-20-1　观察结果记录表

生物	时间					

第二章 创新改进高中生物实验教学

创新改进高中生物实验的具体内容包括以下四方面：一是根据教材实验的内容和时间，对检测试剂、材料、实验装置进行改进创新；二是改进实验教学模式，将验证性实验改为探究性实验；三是将探究性实验从定性研究发展为定量研究；四是在一节课中实施二次探究，实现探究的质的飞跃。创新改进高中生物实验一方面大大提高了实验的成功率，另一方面可为学生搭建实验探究平台，从而实现创新实验在理念、思维和操作三个层面的发展。我们将不断创新实验探究教学的思路和方法，构建师生共同成长的有价值、高效率的高中生物实验探究课堂。

实验1 探究植物细胞的吸水和失水

一、创新背景

探究植物细胞的吸水和失水的实验创新见表2-2-1-1。

表2-2-1-1 探究植物细胞的吸水和失水的实验创新表

实验步骤	以往实验，遇到的问题	创新实验，解决策略
1.选材	（1）教材选取的材料是紫色的洋葱鳞片叶，学生在撕取洋葱表皮的时候往往厚薄不均，容易造成细胞重叠或者撕破，在实验中不易观察 （2）质壁分离过程中只能观察到洋葱外表皮细胞紫色大液泡缩小，但不能观察到原生质层这一结构，这样不利于学生构建原生质层的概念	（1）改选黑藻。黑藻叶片非常薄，只有一两层细胞，可直接撕取整片叶，操作简便 （2）滴加胭脂红溶液，实验中可观察到细胞壁和细胞膜之间充满红色，而原生质层呈现绿色，效果直观，有利于学生构建原生质层的概念

实验步骤	以往实验,遇到的问题	创新实验,解决策略
2. 实验试剂	课本实验不能直接证明细胞壁具有全透性、原生质层具有选择透过性	补充实验试剂:胭脂红。胭脂红为大分子物质,溶于水呈红色,实验中可观察到细胞壁和细胞膜之间充满红色,而原生质层呈现绿色,实验结果可直接证明细胞壁具有全透性,而原生质层具有选择透过性,植物细胞中充当半透膜的是原生质层
3. 探究模式	一次实验只探究一个问题,植物细胞失水和吸水的条件或植物细胞中哪一结构相当于一层半透膜	设计"递进式"探究实验教学模式,有梯度地推进探究活动,第一步探究植物细胞吸水和失水的条件,再进一步探究植物细胞中充当半透膜的结构,学生通过实验顺理成章地构建出成熟的植物细胞相当于一个渗透系统这一概念

二、实验设计

(一)初步探究:植物细胞的吸水和失水

提供情境资料,引导学生讨论。

小实验:三个杯子中分别放入萝卜条,一杯加浓盐水,一杯加淡盐水,一杯加清水,一段时间后萝卜条各出现什么现象?

1. 提出问题:_____。

2. 做出假设:_____。

3. 设计实验方案。

(1)实验原理:成熟植物细胞构成渗透系统,原生质层相当于半透膜,原生质层的收缩性大于细胞壁的收缩性。

当外界溶液浓度_____细胞液浓度时,细胞失水,出现质壁分离;当外界溶液浓度_____细胞液浓度时,细胞吸水,出现质壁分离复原。

(2)实验材料:(在选择的材料后面画√)

① 紫色的洋葱鳞片叶外表皮细胞。(　　)

② 紫色的洋葱鳞片叶内表皮细胞。(　　)

③ 菠菜叶肉细胞。(　　)

④ 有色花瓣。(　　)

（3）实验试剂：蔗糖溶液（设置不同浓度的蔗糖溶液）、清水等。

（4）实验仪器：显微镜、镊子、刀片、载玻片、盖玻片、胶头滴管、吸水纸等。

（5）实验步骤：

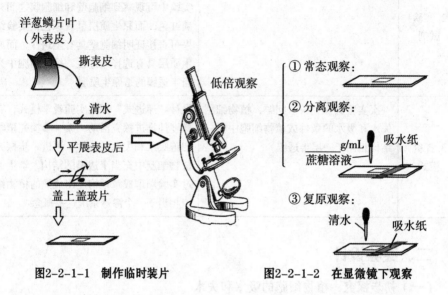

图2-2-1-1　制作临时装片　　　　图2-2-1-2　在显微镜下观察

① 取洋葱鳞片叶外表皮紫色较深处，用刀片在叶片外表皮划一个0.5 cm见方的"井"字，用尖嘴镊子从"井"字中央的一角小心地将洋葱鳞片叶外表皮撕下，用滴管在洁净的载玻片上滴一滴清水，把取好的洋葱鳞片叶外表皮平铺在载玻片中央，盖上盖玻片（见图2-2-1-1）；②在低倍显微镜下观察；③用滴管在盖玻片一侧滴入相应浓度的蔗糖溶液，在盖玻片的另一侧用吸水纸吸引，这样重复几次；④在低倍显微镜下观察；⑤用滴管在盖玻片一侧滴入清水，在盖玻片的另一侧用吸水纸吸引，这样重复几次；⑥在低倍显微镜下观察。（见图2-2-1-2）

4. 进行实验。认真操作，仔细观察，记录实验结果。（提示：2人一个实验小组合作完成实验）

（1）结果记录表（见表2-2-1-2）。

表2-2-1-2　结果记录表

编号	1	2	3
滴加试剂	清水	0.3 g/mL蔗糖溶液	清水
细胞发生质壁分离及复原情况			

（2）在右框中画出图2-2-1-3细胞发生质壁分离后的细胞形态。

植物细胞发生质壁分离时，

液泡体积变_____，

细胞液颜色变_____，

细胞液浓度变_____。

图2-2-1-3　常态细胞图　　　　　图2-2-1-4　质壁分离细胞图

5. 分析结果，得出结论：_____。

6. 表达交流，提出新问题。

（二）进一步探究

植物细胞中充当半透膜的是细胞壁还是原生质层？

1. 提出问题：_____。

2. 做出假设：_____。

3. 预期实验结果及结论：_____。

4. 设计实验方案（见表2-2-1-3）。

表2-2-1-3　实验方案

实验材料	实验试剂	实验步骤
黑藻叶	0.3 g/mL蔗糖溶液+胭脂红	1. 用滴管在洁净的载玻片中央滴一滴清水 2. 用滴管在盖玻片一侧滴入0.3 g/mL加入胭脂红的蔗糖溶液，在盖玻片的另一侧用吸水纸吸引 3. 低倍显微镜下观察

5. 进行实验：2人一个小组合作完成实验。

6. 实验结果及结论：_____。

7. 提出新问题：欲探究植物细胞液的浓度，需要如何设计实验方案？

三、实验展示

实验展示如图2-2-1-5至图2-2-1-10所示。

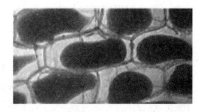

图2-2-1-5　常态细胞　　　　　图2-2-1-6　滴加0.3 g/mL蔗糖溶液处理

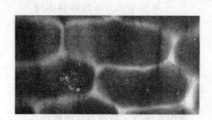

图2-2-1-7 滴加清水处理

图2-2-1-8 黑藻叶

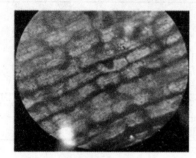

图2-2-1-9 常态
细胞

图2-2-1-10 滴加0.3 g/mL含
胭脂红的蔗糖溶液

实验2 pH对H_2O_2酶活性影响的定量探究

一、创新背景

pH对H_2O_2酶活性影响的定量探究创新实验见表2-2-2-1。

表2-2-2-1 pH对H_2O_2酶活性影响的定量探究创新实验表

创新实验	以往实验，遇到的问题	创新实验，解决策略
关于教学模式的设计	高一学生对探究活动的方法尚不了解，想要一步到位地达到设计科学方案、进行准确操作、分析实验结果的教学目标难度大	设计"递进生成式"探究实验教学模式：围绕实验目的，将探究活动分为"初次体验探究→再次定量探究→进一步探究最适值"三个阶段，学生在参与过程中构建层层递进的逻辑链条，内化对实验原理、方案的理解，提高操作的熟练度和准确性，探究能力在潜移默化中得到培养

续　表

创新实验	以往实验，遇到的问题	创新实验，解决策略
关于实验方法的改进：（1）优化自变量调节方式（2）优化因变量检测方式	教材提供的调节pH的材料为5%HCl、5%NaOH和pH试纸，操作烦琐，调节pH不够准确，且各pH梯度添加的溶液体积不同，不利于控制无关变量	改进为确定pH的缓冲溶液，能保持pH的准确性和稳定性，各梯度等量直接添加，操作简便，效果更好
	以H_2O_2分解产生气泡的情况作为实验现象，形象直观。但作为定性检测的结果，不同小组之间无法客观对比，不能为画出"pH对酶活性影响的曲线"提供有效数据	设计"反应—排水装置"。该装置能实现混合酶和底物、排水集气测量两个目的。操作简单，气密性好，数据可读，实现了因变量的定量检测
	"反应—排水装置"示意图： 	

二、实验设计

探究pH对酶活性的影响

生活情境：

资料1：某加酶洗衣粉包装盒上印有以下资料：

　　　成分：蛋白酶0.2%，清洁剂15%。

　　　用法：使用温水效果最佳；勿用60 ℃以上的水。

资料2：唾液淀粉酶在口腔内（唾液pH为6.2～7.4）可分解淀粉，但唾液淀粉酶随唾液流入胃（胃液pH为0.9～1.5），在胃里却不能分解淀粉。

提出问题：_____。

做出假设：_____。

教学准备：实验材料——质量分数为20%猪肝研磨液、体积分数为3%的H_2O_2溶液配制缓冲溶液；称取6.01 g柠檬酸、3.90 g磷酸二氢钾、5.27 g巴比妥酸、1.77 g硼酸，溶于1000 mL蒸馏水中获得A液；称取8 gNaOH溶于蒸馏水制成0.2 mol/L的NaOH溶液，作为B液。按表2-2-2-2比例混合配制缓冲溶液。

表2-2-2-2　比例混合表

pH	3.0	5.0	7.0	9.0	11.0
A液（mL）	100	100	100	100	100
B液（mL）	6.4	27.1	50.6	72.7	86.0

实验用具：试管、10 mL量筒、排水法装置（由10 mL注射器、具支试管、翻口橡胶塞、胶管、玻璃弯管、25 mL量筒、水槽组成），请根据实验目的选取需要的材料，填写表格（见表2-2-2-3）。

酶溶液：①质量分数为2%的α-淀粉酶溶液；②新鲜的肝脏研磨液（含过氧化氢酶）。

底物：①质量分数为3%的可溶性淀粉溶液（酸能促进淀粉水解）；②质量分数为3%的H_2O_2溶液（高温下H_2O_2分解加快）。

表2-2-2-3　酶和底物的选择

实验目的	探究温度对酶活性的影响	探究pH对酶活性的影响
选用的酶		
选用的底物		

（一）初次探究

1. 设计实验步骤

讨论：①本实验的自变量是什么？你将设定哪几个梯度？②本实验提供的哪些试剂可用于调节pH？③无关变量有哪些，如何控制？④本实验的因变量是什么？你怎么观察和检测因变量？⑤根据你的假设，各组预期会看到怎样的实验现象？

2. 实验操作

表2-2-2-4　探究pH对酶活性影响的初步实验方案

	分组编号	1	2	3	4	5
设计实验	缓冲液pH					
	预测结果					
进行实验	实测结果					

讨论：采取哪种加样顺序能使酶和底物在设定的pH下反应？

要求：2人为一组，依次进行五个pH梯度的实验操作，明确分工，仔细观察，认真记录，并把实验结果填写到表格中。见表2-2-2-4。

3. 发现问题，交流讨论

讨论：①你观察到的实验现象是什么？与预期结果是否一致？②若实测结果与预测结果差别较明显，可能的原因有哪些？③你们小组是按什么顺序加入酶、底物和缓冲溶液的？哪种方法更科学？④以H_2O_2分解产生气泡的现象作为因变量，有何局限？有何改进方法？

（二）再次探究

1. 改进实验方案（见表2-2-2-5）

表2-2-2-5　探究pH对酶活性影响的定量检测方案

实验步骤		1	2	3	4	5
1. 设置酶的pH	酶	肝脏研磨液				
	酶的体积	2滴				
	缓冲溶液的pH	3				
	缓冲溶液体积	2滴				
2. 设置底物的pH	底物	H_2O_2				
	底物体积	2 mL				
	缓冲溶液的pH	3				
	缓冲溶液体积	2 mL				
3. 将酶和底物混合，反应时间2 min						
4. 读取量筒中的气体体积（mL）						

2. 实验操作

讨论：采用排水法检测氧气量，如何减小误差？

要求：2人为一小组，5个小组为一个大组，进行同一个pH梯度的实验，作为重复。每个大组设一位组长登记数据，取平均值。

（三）得出结论

汇总全班实验数据（见表2-2-2-6）。

表2-2-2-6　实验数据表

编号	1	2	3	4	5
缓冲液的pH	3	5	7	9	11
氧气量平均值（mL）					

分析实验结果，你得出的结论是什么？

_____。

请根据各大组平均数据，画出"酶活性受pH影响的曲线"。

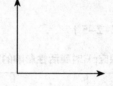

思考：曲线中最高点对应的pH是否就是H_2O_2酶的最适pH？

（四）进一步探究

我们希望进一步探究的问题：

_____。

（五）实验展示

实验展示如图2-2-2-1至图2-2-2-3所示。

图2-2-2-1　"反应—排水"
装置

图2-2-2-2　定性检测酶活性的
实验现象1

图2-2-2-3　定量检测酶活性的实验现象2

实验3　绿叶中色素的提取和分离

一、创新背景

绿叶中色素的提取和分离创新实验见表2-2-3-1。

表2-2-3-1　绿叶中色素的提取和分离创新实验表

创新实验		以往实验，遇到的问题	创新实验，解决策略
1.实验步骤	提取色素	提取叶绿素的过程需要较多的实验用具和用品；无水乙醇容易挥发，容易造成研磨不充分，导致提取的色素浓度不高；操作过程烦琐，耗时长	用镊子破坏绿叶细胞，使绿叶中的色素流出；用水浴法提取色素
	画滤液细线	不好把握力度，很容易把毛细吸管弄断。毛细吸管吸取的绿叶较少，容易造成滤液细线中的色素分布不均匀，很难做到细、齐、直，导致色素带不整齐	借助盖玻片，将色素吸附到滤纸条上，保证滤液细线细、齐、直
	分离色素	层析液毒性较强，试管空间小，操作难度大，层析液倒入时会有少许留在试管壁上，层析时滤纸条贴壁，沾上层析液，影响实验效果	用甲苯代替层析液中的苯，减少毒性；分离色素时，用烧杯代替试管，用滤纸盖住烧杯，避免试管壁上的层析液对色素分离的影响，并且可以同时层析多条滤纸条
2.实验模式		一种实验材料，按照课本的实验步骤实施	设计对照实验，分离黄叶中的色素，对比绿叶和黄叶中色素的组成，探究叶子变黄的原因

二、实验设计

1. 实验目的

（1）探究绿叶中色素的种类和颜色。

（2）掌握绿叶中色素的提取和分离方法。

2. 实验原理

（1）用镊子破坏绿叶细胞的生物膜，使绿叶中的色素暴露出来，通过挤压直接被吸附到滤纸条上。

（2）绿叶中不同的色素在层析液中的溶解度不同，溶解度高的随层析液扩散的速度快；反之则慢，几分钟就能将不同的色素分开。

（3）低温环境，叶绿素易被分解，叶子变黄。

3. 材料和用具

新鲜的绿叶（如菠菜的绿叶）、发黄的菜叶、层析液（甲苯）、干燥的定性滤纸、盖玻片、烧杯等。

4. 实验步骤

（1）制备滤纸条。用干燥的定性滤纸剪好长8 cm、宽1.5 cm的滤纸条，在距一端1 cm处用铅笔画一条细线，并剪去两角。

（2）"画"色素细线。用镊子尖端把叶片（绿叶和黄叶）的下表皮及叶肉细胞刮破，把已备好的滤纸条沿铅笔细线对折，然后在上述处理过的叶片上沿铅笔细线用盖玻片稍微用力均匀地来回拉4~6次，这样色素细线就"画"好了。

（3）分离色素。将6 mL层析液倒入50 mL烧杯中。将滤纸条远离色素细线的一端对折，放入烧杯中，挂在烧杯口，用圆形滤纸盖住烧杯。几分钟后在滤纸条上可以很清晰地看到4条色素带。

5. 实验结果及分析

（1）实验完成后填写表格（见表2-2-3-2）。

表2-2-3-2　实验结果记录表

色素带自上而下	呈现的颜色	溶解度最大的是	含量最大的是
		溶解度最小的是	含量最小的是

（2）总结实验注意事项（见表2-2-3-3）。

表2-2-3-3　实验注意事项表

实验过程	注意事项	操作目的
分离色素	①滤液细线要直、细、齐	使分离的色素带＿＿＿＿＿
	②滤液细线干燥后重复画2~3次	使分离的色素带清晰，便于观察
	③滤液细线不能触及层析液	防止＿＿＿＿＿

（3）分析叶片变黄的原因：

＿＿＿＿＿＿＿＿＿＿＿＿＿＿＿＿＿＿＿＿＿＿＿＿＿＿＿＿＿＿＿＿＿＿。

6. 实验拓展

请查阅资料，探究其他色素提取和分离的方法。

实验4　观察植物根尖分生组织细胞的有丝分裂

一、创新背景

观察植物根尖分生组织细胞的有丝分裂创新实验见表2-2-4-1。

表2-2-4-1　观察根尖分生组织细胞的有丝分裂创新实验表

实验步骤	以往实验，遇到的问题	创新实验，解决策略
1.选材	教材选取的材料是洋葱根尖分生区，实验发现洋葱生根数量较少	使用大蒜为材料。将多个蒜瓣用铁丝或竹签接成串，放在水槽中培养，一个水槽可同时放几个蒜瓣。将水槽放入人工气候箱中，培养约2 d时间即可使用
2.培养与取材	实验结果观察到处于分裂期细胞数目少	（1）培养时放入0～4 ℃冰箱中低温处理24 h，可以有效地打破根尖细胞的休眠期
		（2）在分裂高峰期剪取根尖并固定
3.解离与漂洗	实验操作所需时间长，重复操作可能性小	（1）水浴加热促进解离。将盛有解离液和根尖的小烧杯放在60 ℃水浴锅中加热1～2 min即可
		（2）多次换水漂洗
4.压片	细胞重叠，分散效果较差	借助铅笔（带橡皮的一端）、圆珠笔（带弹簧的一端）、滴管（带胶头的一端）等工具进行压片，这些工具由于具有一定的弹性，比较容易掌控力度，不需要在盖玻片的上面再加一片载玻片

二、教学设计

1. 实验目的

（1）制作洋葱根尖细胞有丝分裂装片。

（2）通过对材料选择与培养、染色剂、制片方法等各个步骤的优化与改进，提高装片的清晰度和分裂相细胞所占的比例。

（3）观察植物细胞有丝分裂的过程，识别有丝分裂的不同时期，比较细胞周期中不同时期的时间长短。

（4）绘制植物细胞有丝分裂简图。

2. 实验原理

染色体容易被碱性染料染色，通过在显微镜下观察各个时期细胞内染色体的存在状态，可以判断这些细胞所处的有丝分裂时期，进而认识有丝分裂的完整过程。

通过各个时期细胞占观察细胞总数的比例，可以推算出有丝分裂各个时期的时间长短。培养过程经过低温处理，有利于获得更多分裂相的细胞。

3. 实验用品

材料：大蒜。

仪器：显微镜、载玻片、盖玻片、玻璃皿、剪子、镊子、滴管、水槽、冰箱、人工气候箱或保温箱、带橡皮的铅笔或带弹簧的圆珠笔。

药品：质量分数为15%的盐酸、体积分数为95%的酒精、质量浓度为0.01 g/mL的龙胆紫溶液、醋酸洋红液。

4. 实验步骤

表2-2-4-2　实验过程表

实验步骤	实验方法（实验过程图解）	实验解析
1. 取材	大蒜瓣 清水	（1）将多个蒜瓣用铁丝或竹签连接成串,放在水槽中培养，一个水槽可同时放3~5个蒜瓣，每天换水一次，培养约2 d时间，根尖长至3~5 cm即可使用
2. 解离	恒温解离 1 min 恒温水浴锅 HH-1	（2）提前在实验室准备好水浴锅，调节温度至60 ℃，取根尖2~3 mm，用刀片纵向轻轻地剖开根尖，置于解离液中，将盛有解离液和根尖的小烧杯先盖上盖再放入水浴锅中的中号烧杯中温热1 min左右即可
3. 漂洗	流水漂洗1 min	将解离后的根尖放入装满水的600 mL中号烧杯中，用吸管产生水流冲击根尖，加速根尖上附着的解离液溶解，此过程不需要换水，约1 min左右可达到漂洗目的。漂洗后的根尖完全游离在清水中，用较细的毛笔或者毛刷缓慢地将根尖托出水面，再把根尖拨弄到玻璃皿中染色

续 表

实验步骤	实验方法（实验过程图解）	实验解析
4.染色	0.01 g/mL龙胆紫或者醋酸洋红液	将根尖放置于滴有2~3滴染色剂的玻璃皿中，完全浸没40 s左右即可
5.制片（压片）	（1）清水 （2）盖盖玻片 （3） （4）压片	借助铅笔（带橡皮的一端）、圆珠笔（带弹簧的一端）、滴管（带胶头的一端）等工具进行压片，使细胞分散开，当观察到细胞呈云雾状散开后，即达到良好的细胞分散效果
6.观察		（1）低倍观察 把制作成的大蒜根尖装片先放在低倍显微镜下观察，慢慢移动装片，要求找到分生区细胞。分生区的特点：_____。 （2）高倍观察 找到分生区细胞后，换上高倍物镜，调整细准焦螺旋和反光镜，使视野清晰，直到看清细胞物像为止。仔细观察，找出处于细胞分裂期的细胞，注意观察前期、中期、后期、末期的细胞内染色体变化的特点

5. 实验结果记录（见表2-2-4-3）

表2-2-4-3　实验结果记录表

细胞周期	细胞图像（绘图）	样本1	样本2	……	细胞总数	每一时期的细胞数/计数细胞的总数
间期						
前期						
中期						

续 表

细胞周期	细胞图像（绘图）	样本1	样本2	……	细胞总数	每一时期的细胞数/计数细胞的总数
后期						
末期						

三、实验效果展示

实验效果展示如图2-2-4-1至图2-2-4-4所示。

图2-2-4-1　大蒜根尖的
培养方法

图2-2-4-2　使用人工气候箱
培养，促进大蒜生根

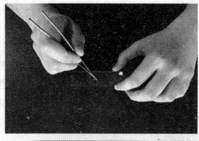

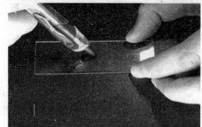

图2-2-4-3　探究适合压片的几种常见工具

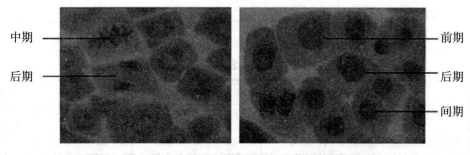

图2-2-4-4　在一个视野中观察到有丝分裂的多个不同时期

实验5　探索生长素类似物促进插条生根的最适浓度

一、创新背景

探索生长素类似物促进插条生根的最适浓度的创新实验见表2-2-5-1。

表2-2-5-1　探索生长素类似物促进插条生根的最适浓度的创新实验表

创新实验	以往实验，遇到的问题	创新实验，解决策略
选材	1. 教材中没有提供具体的实验材料，常采用富贵竹作为实验材料，但富贵竹生根所需时间长，生根数目少，不利于学生观察实验结果 2. NAA溶液浓度配制不合理，实验效果不明显	兴趣小组课前进行"预实验"，为正式实验选材和配制合理范围NAA溶液提供依据
探究模式	预实验由实验员和教师完成，学生没有体验到预实验的过程和意义	兴趣小组先进行预实验，为正式实验探索条件，全班学生再进行课堂实验，实验效果较好

二、实验设计

生活情境：

园艺上，进行扦插繁殖时，对于一些不易生根的插条，常用生长素类似物溶液处理插条的下端，促使其生根，提高成活率。但如果浓度配制不当，会使结果适得其反。

提出问题：_____。

做出假设：_____。

1. 课前预实验（见表2-2-5-2）

表2-2-5-2　统计表

步骤		组别				
		1	2	3	4	5
配制NAA溶液（mg/mL）		10^{-2}	10^{-4}	10^{-6}	10^{-8}	0
制作插条	富贵竹	切成上端平面，下端斜面				
	绿豆苗	将绿豆苗的根从茎基切下				
处理分组	富贵竹	每组4枝插入盛有150 mL溶液的大烧杯中				
	绿豆苗	每组5枝插入盛有50 mL溶液的小烧杯中				
培养观察		在相同且适宜的条件下培养，每24 h加清水1次，使溶液恢复至原来的体积				
统计结果（生根数）	富贵竹	0	3	2	2	0
	绿豆苗	0	5	7	12	4
得出结论	富贵竹	根据实验现象得知，富贵竹不宜作为本实验的材料				
	绿豆苗	NAA溶液促进绿豆苗生根的最适宜浓度为10^{-8} mg/mL				

思考：你认同他们的实验结论吗？如果要进一步探究NAA溶液促进植物生根的最适浓度，你将如何设计实验方案？

2. 课堂实验

（1）实验原理：一定浓度的生长素类似物可促进插条生根，且浓度越适宜，生根越多。

（2）实验材料和用具：生长素类似物NAA母液、清水、绿豆苗、小烧杯、消毒刀片、棉花、量筒、滴管、玻璃棒、手套、口罩等。

（3）实验步骤见表2-2-5-3。

表2-2-5-3　步骤表

步骤	组别					
	1	2	3	4	5	6
第1步：配制NAA溶液（mg/mL）						
第2步：制作插条						
第3步：分组处理	每组（　　）枝插入盛有50 mL溶液的小烧杯中					

续 表

步骤		组别					
		1	2	3	4	5	6
第4步：培养观察		在（　　）的条件下培养，每24 h加清水1次，使溶液恢复至原来的体积					
第5步：统计结果（平均生根数）	第二天						
	第三天						
	第四天						
	第五天						

（4）实验结果及结论。

①绘制NAA浓度与生根数目的坐标曲线图。

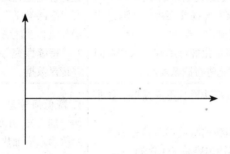

②结论：＿＿＿＿＿＿＿＿＿＿＿＿＿＿＿＿＿＿＿＿＿。

（5）进一步探究的问题：

＿＿＿＿＿＿＿＿＿＿＿＿＿＿＿＿＿＿＿＿＿＿＿＿＿。

三、实验展示

实验展示如图2-2-5-1、图2-2-5-2所示。

图2-2-5-1　富贵竹

图2-2-5-2　绿 豆

实验6　酵母细胞的固定化

一、创新背景

酵母细胞的固定化创新实验见表2-2-6-1。

表2-2-6-1　酵母细胞的固定化创新实验表

创新实验	以往实验，遇到的问题	创新实验，解决策略
教学模式的改进	1. 不同品牌海藻酸钠适宜的浓度不同，按课本数据配制效果不佳 2. 学生对该实验操作陌生，实验过程中容易出现操作失误 3. 只制备固定化酵母细胞，未利用固定化酵母细胞进行酒精发酵	1. "预实验"。学习小组课前进行实验，确定适宜的海藻酸钠浓度范围 2. "微课教学"。学生直观体验实验操作流程及注意事项 3. "持续探究"。课后每天定时观测并记录数据
实验方法的改进	1. 制作的凝胶珠形状不成球形，如蝌蚪状 2. 溶化海藻酸钠时使用酒精灯加热，由于受热不均匀容易发生焦煳	1. 降低海藻酸钠浓度，0.7 g海藻酸钠，加入25 mL水 2. 改为水浴加热

二、实验设计

1. 实验目的

尝试制备固定化酵母细胞，并利用固定化酵母细胞进行酒精发酵。

2. 实验原理

酶是一种生物催化剂，反应前后其分子结构和理化性质不发生改变，利用海藻酸钠将酵母细胞固定，可实现酶的重复利用。

3. 材料器具

（1）实验材料：干酵母、质量分数为10%的葡萄糖溶液。

（2）仪器用具：50 mL的烧杯、玻璃棒、酒精灯、注射器、200 mL锥形瓶。

（3）试剂：蒸馏水、物质的量浓度为0.05 mol/L的$CaCl_2$溶液、海藻酸钠。

4. 实验操作

（1）制备固定化酵母细胞（见表2-2-6-2）。

表2-2-6-2　制备固定化酵母细胞实验操作表

实验步骤	操作详解
酵母细胞的活化	1 g干酵母+10 mL蒸馏水，用玻璃棒搅拌成糊状，放置1 h左右
配制海藻酸钠溶液	0.7 g海藻酸钠+25 mL水，水浴加热，边加热边用玻璃棒搅拌成糊状，直到完全溶化，用蒸馏水定容至10 mL
海藻酸钠溶液与酵母菌混合	将已活化的酵母细胞加入冷却至室温的海藻酸钠溶液中，用玻璃棒按顺时针方向搅拌均匀，转移至注射器中
固定化酵母细胞	以恒定的速度缓慢地将注射器中的溶液滴加到配制好的$CaCl_2$溶液中，形成凝胶珠，浸泡3 min

（2）用固定化酵母细胞进行发酵。

①将固定好的酵母细胞（凝胶珠）用蒸馏水冲洗2~3次。

②将150 mL质量分数为10%的葡萄糖溶液转移到200 mL的锥形瓶中，再加入固定好的酵母细胞，置于25 ℃下发酵24 h。

5. 实验结果分析与评价

（1）观察凝胶珠的颜色和形状：

_____

_____。

（2）观察发酵的葡萄糖溶液，看是否有气泡产生，闻闻是否有酒味。

_____

_____。

（3）检测葡萄糖的发酵情况（见表2-2-6-3）。

表2-2-6-3　检测葡萄糖的发酵情况表

试剂	时间（d）			
	1	2	7	14
发酵液+斐林试剂				
发酵液+酸性重铬酸钾				

三、实验结果展示

发酵液实验结果展示见表2-2-6-4。

表2-2-6-4　发酵液实验结果展示表

试剂	时间（d）			
	1	2	7	14
发酵液+斐林试剂				
发酵液+酸性重铬酸钾				

第三章　创新拓展高中生物教材实验

　　教材常规实验所包含的实验原理、思想和方法是学生在新情境中设计实验的基础，它为学生的实验设计提供了依据和模仿的基本框架。教师在完成教材实验后，灵活地改变实验的某个条件，让学生模仿课本实验的程序进行简单的实验设计，并创新课外实验探究方式，以其熟悉和感兴趣的材料为主题，选择合适的实验内容。我们精心选择了一部分具有较强探究性和趣味性的实验，让学生进行开放式自主实验探究，这有利于学生更加深刻地理解知识，有利于教师在教学时帮助学生找到理论知识应用的支点，有利于教师培养学生探索未知世界的兴趣，并能逐步提高学生的实验设计能力和创新能力。

实验1　生物膜选择透过性的观察

一、实验背景

　　细胞的生物膜是一种选择透过性膜。食品用盐腌制时，氯化钠是在细胞丧失活力时才大量进入细胞内的。

二、实验目的

　　观察生物膜对物质的透过具有选择性的现象，理解生物膜是一个选择透过性膜。

三、材料器具

　　红色鲜花、烧杯、酒精灯、三脚架、石棉网、火柴、清水。

四、实验步骤

1. 摘下红色鲜花的花瓣，将其放入盛有清水的烧杯中，数分钟后观察，可以看到这些花瓣仍保持红色，烧杯里的水仍呈无色状态，如图2-3-1-1所示。

2. 把这个烧杯放到酒精灯上加热至沸腾，可以看到花瓣的红色逐渐褪去，而水却变成了红色，如图2-3-1-2所示。

图2-3-1-1　清水中红
色花瓣仍保持红色

图2-3-1-2　加热会使花的红色褪去，
水变成红色

五、分析和讨论

1. 花瓣的颜色来自细胞液中的花青素，花青素不能透过具有生命的原生质膜。

2. 在用水洗涤绿叶菜类时，叶绿体内的色素不会渗出细胞，水不变成绿色，但当菜煮成菜汤时，菜汤就会变成绿色，这是因为细胞在高温下已死亡，选择透过性膜成为全透性膜，叶绿体内的色素透过膜进入水中，使锅内的水变成绿色。

建议：

如果实验时没有红色鲜花，可以用红苋菜叶代替，也可改用绿叶。但是绿叶经水煮后溢出的不是细胞液中的花青素，而是叶绿体中的以叶绿素为主的色素。

实验2　让短日照植物（一品红）提早开花

一、实验背景

一品红又称为圣诞花、老来娇等，为大戟科大戟属常绿灌木。矮生一品红开花时红色苞片大而多，植株生长较紧凑，观赏价值较高，既可用于盆花生产，又可用于大田栽培做冬季切花生产。一品红花期在12月至翌年2月，因此欧美一些国家于20世纪初就开始一品红的商品化生产，以供应圣诞节市场，至今一品红仍然流行于欧美的盆花市场，在花卉生产中占有很大的比重。

20世纪20年代，就有人提出植物开花的光周期现象，人们随后发现，烟草和菊花等一些短日照植物，暗期对于植物开花至关重要。短日照植物需要一定的短日照才能开花。人工短日照处理就是让短日照植物满足对暗期的要求，从而促使其提前开花。

二、实验目的

使短日照植物在人们所需要的日期开花，理解短日照植物开花的原理。

三、实验材料器具

短日照植物，如一品红、菊花；自制的简易人工短日照箱。

四、实验步骤

1. 用纸箱制作人工短日照箱，同时用黑布遮光，进行短日照处理。

2. 提前将15株一品红（植株株高18～25 cm）随机分为A组、B组、C组，并编号。

3. A组按自然光照处理，B组每天黑暗处理13 h，C组每天黑暗处理15 h，如可以在下午5：00放入箱内，第二天上午8：00取出，即可黑暗处理15 h。

4. 处理时，只要打开黑布，放进盆栽植物，然后盖上黑布即可。第二天，按规定时间打开黑布取出盆栽，立即放在阳光充足的地方，使植物接受充足的光照。

5. 在实验过程中随时观察一品红的转色、开花情况。

五、分析和讨论

1. 人工短日照处理可以通过缩短日照时间来控制开花日期。植物生长到什么时期开始选择人工短日照处理最理想，每天处理多少时间和总共处理多少天最有效，各种植物是不尽相同的。一品红，选择高18～25 cm的植株，每天进行15 h的黑暗处理，处理40 d便可开花。

2. 黑暗期的长度决定植物是否发生花原基，而光照期的长度则决定发生花原基的数量，因为光合作用能提供形成花原基所需的养料。所以，凡进行短日照处理的植物，在光照期尽量给予充足的光照，这样才能获得满意的花朵。

注意事项:

1. 放在箱内处理前,一般不浇水,以免箱内相对湿度过高,影响植物生长发育。

2. 短日照处理时,不得中途打开箱门或揭去黑布,否则会影响实验结果。

3. 每天短日照处理结束取出盆栽后,即把门敞开,以使箱内干燥。

4. 人工短日照箱最好放在室内通风处,避免阳光直接照射。

实验3 探究酵母菌发酵速度跟环境、温度的关系

一、实验背景

一些生物体在无氧条件下可以进行无氧发酵,无氧发酵的速度跟生物体所处的环境温度在一定范围内呈正相关。平时,我们用酵母菌和面发酵时,需要把面团放在较温暖处,目的是加速酵母菌无氧发酵的速度。

二、实验目的

了解酵母菌无氧发酵速度跟环境温度的关系。

三、材料器具

鲜酵母、10 mL注射器、橡皮塞、烧杯、酒精灯、石棉网、温度计、火柴、玻璃棒、溴麝香草酚蓝溶液(简称BTB试剂)、10%葡萄糖液或糖浆。

四、实验步骤

1. 取半块鲜酵母放入烧杯里,加入少量10%葡萄糖液,用玻璃棒把鲜酵母捣成糊状后,继续加入10%葡萄糖液至100 mL左右,充分搅拌均匀。

2. 10 min后,取3支带有针头的注射器,分别吸取6 mL酵母菌葡萄糖混合液;把针头倒插在橡皮塞内,以防止酵母菌无氧发酵过程中所产生的二氧化碳气体从针孔处逸出。

3. 把上述发酵装置分别浸在水温保持在20 ℃、30 ℃和40 ℃的3只烧杯中,20~30 min后,观察并记录注射器针筒内产生的气体量。

五、分析和讨论

在记录了3支注射器针筒内气体产生量以后，把注射器内的酵母葡萄糖混合液排出，将针筒内残存的气体注入BTB试剂中，这时可以观察到BTB试剂的颜色由蓝色转为黄色，这首先证明了酵母菌在无氧发酵过程中产生的气体是二氧化碳。其次，针筒刻度所记录到的气体产生量及BTB试剂黄色的深浅变化程度，证明了酵母菌无氧发酵过程中产生的二氧化碳气体量随环境温度的升高而增加。结果表明酵母菌无氧发酵的速度在一定范围内跟温度呈正相关。酵母菌无氧呼吸装置如图2-3-3-1所示。

20 ℃水浴

图2-3-3-1　酵母菌无氧呼吸装置图

注意事项：

实验前先检查一下注射器活塞和筒壁的密封性，既要避免因密封不全而漏气，也要避免抽动时摩擦阻力大的现象。如果出现上述两种情况，可以在活塞外面涂一薄层凡士林，以增加密封性和降低抽动时的阻力。

实验4　植物顶端优势的观察

一、实验背景

顶端优势中的"顶端"两字，不仅是指离根最远处，还是指离地面最远处，可以通过实验观察明确概念。

二、实验目的

观察不同姿态的枝条上各芽的生长情况，理解植物顶端优势的实质。

三、材料器具

地栽或盆栽的葡萄藤、绳子、尺。

四、实验步骤

1. 初春，留取四根长势相似的一年生葡萄枝条，每一枝条上选择3个茁壮生长的芽，从离根最远处依次定为A、B、C。

2. 弯曲并绑扎固定甲、乙、丙、丁4根枝条的姿态如图2-3-4-1所示。

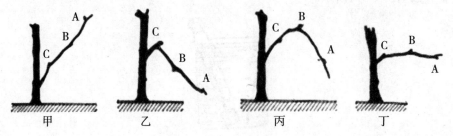

图2-3-4-1 顶端优势

3. 等所有芽萌发后，测量各新枝的长度，列表记录数据。

五、分析和讨论

1. 通过数据记录比较，可以发现甲枝A芽最长，乙枝C芽最长，丙枝B芽最长，丁枝各芽一样长。所以，顶端优势是指离地面最远处的芽有生长优势，而与根际距离没有必然关系。

2. 运用顶端优势原理，人们在生产上不仅可以用剪枝技术，还可以用弯枝、绑扎等技术，以改变枝条姿态来调整各芽的长势。

注意事项：

1. 多年生枝条不容易弯曲，其芽的长势也不强，一般不选用。

2. 各枝条长势需相似，才有可比性。

3. 测量时机要恰当，一般在最短的新枝长到3 cm左右为合适，这时各萌发的新枝长度差异明显，易于测量。

4. 如果需要各芽均匀生长，以丁枝姿态最好，如果准备来年更新树桩，以乙枝姿态最好。

实验5　激素对色素细胞影响的观察

一、实验背景

有些动物体表颜色能随环境变化而改变，这是因为体表的色素细胞受环境中某些因素，如光线、温度的刺激而发生色素颗粒的集中或扩散。

二、实验目的

了解有些激素对色素细胞的影响。

三、材料器具

鲤鱼、鲫鱼或其他颜色适中的鱼类；显微镜、载玻片、镊子、1 mL注射器、鱼缸；1∶1000肾上腺素、垂体后叶素、鱼类生理盐水（0.65%氯化钠溶液）。

四、实验步骤

1. 把6条鱼平均分为3组。第一组鱼的肌肉被注射0.5～1 mL的肾上腺素；第二组鱼的肌肉被注射等量的垂体后叶素；第三组鱼的肌肉被注射等量的鱼类生理盐水。

2. 注射后观察各组鱼体颜色的变化情况。

3. 分别取第一、第二组鱼的鳞片放在显微镜下，观察黑色素细胞内色素颗粒的分布状况。

4. 取第三组鱼的鳞片在显微镜下观察，比较跟其他两组鱼的鳞片有何不同。然后在鱼鳞上直接滴加肾上腺素或垂体后叶素，观察其黑色素细胞内色素颗粒的变化状况。

五、分析和讨论

肾上腺素可使鱼类体表黑色素细胞的色素颗粒集中，使鱼体体表颜色变浅；垂体后叶素则使鱼体体表黑色素细胞的色素颗粒扩散，使鱼体体表颜色变深。在两组鱼鳞上分别直接滴加肾上腺素和垂体后叶素，通过显微镜观察，可见前者色素颗粒趋向集中，而后者色素颗粒趋向扩散。

实验6　人体遗传性状的观察——人体形态性状的遗传

一、实验背景

人体表现出来的性状，很多都跟遗传有关。通过对全班学生及其家庭成员的调查以及综合分析，了解这些性状的遗传方式，并总结出一对性状的遗传规律。

二、实验目的

了解人体形态上的一对性状的遗传规律。

三、实验步骤

本实验以学生的自身为观察对象，必要时两人一组，相互观察。

1. 观察前额发突：用手掌把前额的头发向后捋，露出前额中央发根的形状，有的人前额发际线向前呈三角形突出，这种性状是显性的，设由显性基因W控制，而有的人前额发根比较平整（见图2-3-6-1）。学生可以对着镜子检查自己的前额发突的形状，分析自己应属的表现型和可能的基因型。

　　前额发突呈三角形突出　　　　　　　前额发突较平整

图2-3-6-1　前额发突对比图

2. 观察发式：在东方人中，头发的发式有直发和卷发之分，头发的质地有硬和软之分，头发的螺纹（头顶部的旋涡卷）有顺时针和逆时针之分。这三对性状中，每对的前者对后者都是显性性状。学生可以两人一组互相查看，分析自己的表现型。

3. 观察耳垂：大多数人的耳垂是下悬的，叫游离耳垂，但是也有人的耳垂贴附在头部，即没有明显的耳垂，叫附着耳垂（见图2-3-6-2）。附着耳垂是隐性性状，设由a基因控制。观察自己的耳垂，分析自己耳垂所属的表现型和可能的基因型。

游离耳垂　　　　　附着耳垂

图2-3-6-2　耳垂的形态对比图

4. 观察干湿耳垢：人的外耳道的壁上有能分泌黄色耳垢的腺体，耳垢有干、湿两种，其中干耳垢对湿耳垢（俗称油耳朵）是显性性状，设由显性基因F控制。学生可以两人一组互看，分析自己的表现型和可能的基因型。

5. 观察卷舌：有不少人能把自己舌头的两侧向上卷起，正面观犹如"U"形，但有人却不会卷舌（见图2-3-6-3）。卷舌是显性性状，设由显性基因R决定。查看自己的表现型和可能的基因型。

能卷成"U"形的舌　　　　不会卷起的舌

图2-3-6-3　平舌、卷舌对比图

6. 观察拇指末节弯曲：大拇指末节的关节可弯曲（外翻），但弯曲程度因人而异，有的人拇指末节向手背方向弯曲的弯度可跟拇指中轴呈60°角，甚至更大（见图2-3-6-4），这种特性是隐性性状，设由h基因控制。试一下自己拇指的弯曲能力。

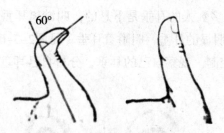

图2-3-6-4　拇指末节弯曲对比图

7. 观察小指末节弯曲：两手平放于桌上，肌肉放松，观察小指末节是否向无名指方向弯曲（见图2-3-6-5）。弯曲是显性性状，设由显性基因B决定，观察并分析自己的表现型和可能的基因型。

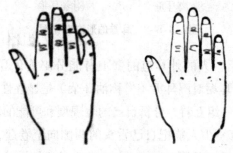

图2-3-6-5　小指末节弯曲对比图

8. 观察手指嵌合：左右手掌相对，两手的手指相互嵌合。有人习惯左手的拇指在上，有的人习惯右手的拇指在上（见图2-3-6-6）。左手拇指在上的是显性性状，设由T基因控制。观察并分析自己的表现型和可能的基因型。

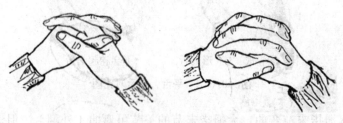

图2-3-6-6　手指嵌合对比图

9. 观察手的惯用特性：有的人惯用右手做事，有的人惯用左手做事，俗称"左撇子"。前者是显性遗传，设由M基因控制。观察并分析自己的表现型和可能的基因型。

10.观察食指和无名指的长短（属于伴性遗传）：控制食指（第二指）和无

名指（第四指）长短的基因，位于X染色体上，它伴随X染色体一起行动。食指比无名指短是由X^a隐性基因决定的。观察自己的食指，取一张白纸，用笔画一条横线，然后手掌向下放在纸上，使无名指的指端正好与横线平齐，观察食指的长短，再用铅笔在食指指端画一短线（见图2-3-6-7），确定自己的表现型，根据伴性遗传的规律，分析自己可能的基因型。

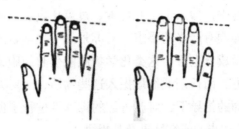

图2-3-6-7　食指和无名指的长短对比图

五、分析和讨论

以上所列的10种性状，可以用基因的分离定律分析，按照显隐性关系算出自己各种性状的表现型以及可能的基因型。

建议：

1. 在各项实验的测试中，每个学生都要认真记录自己的测试结果，在结束时可以汇总到班级做全班统计，算一下各性状出现的大致概率。参加的人数越多越好，甚至可测算全年级的出现概率。

2. 调查家庭成员的有关性状，试分析每个成员的基因型，探讨其是否符合基因的分离定律。

 拓展高中生物教材实验的案例

案例1　苏丹红诱发洋葱根尖细胞微核的效应

一、摘 要

本实验以洋葱根尖微核诱导技术，对食用合成色素苏丹红的遗传毒理学效应进行研究。结果表明，在一定剂量范围内，苏丹红能明显诱发洋葱根尖细胞微核率的提高，与对照组比较，达显著或极显著差异水平（$P < 0.05$或P

<0.01），并有一定的剂量反应关系。食用合成色素对细胞内的染色体具有诱变效应，一定剂量下呈现较强的遗传毒理学效应，人们在使用时应当注意。

二、研究背景

根据有关部门的市场检测发现，随着食品工业的迅猛发展，很多卤味和肉制品在加工制作过程中，掺入了工业色素、过氧化氢、亚硝酸盐等多种有害物质。国家对食品添加剂有严格的要求，对苏丹红等化学合成色素的添加量更有严格的标准。从化学成分上看，这类化学物质能引起细胞染色体的损伤效应，具有较强的诱变能力，而长期低剂量摄入这些物质，将对人体产生潜在的危害作用。本实验在教师的指导下，对苏丹红的毒理性进行了创新性的研究。经过实验及分析，得出了初步的研究结果及其规律。

三、研究过程及数据

1. 材料

洋葱：选择形态饱满、大小均匀的品种，购于牛山钟屋围农贸市场。

苏丹红：购于化学染料销售部。

卡诺氏固定液：以乙醇：冰乙酸=3：1配制。

解离液：0.1 mol/L HCl。

龙胆紫溶液：0.01 g/mL。

主要仪器：NikonYs 100双目拍摄显微镜，佳能A640 数码相机。

2. 检测方法

染毒、修复：取用化学苏丹红并用蒸馏水配制3 mg/mL、6 mg/mL、9 mg/mL、12 mg/mL四种浓度梯度，清水处理组为对照组。

每组选用3~4棵发育良好的根长一致的洋葱放于小烧杯中，滴入各实验处理溶液，使根尖完全浸入溶液中，28 ℃下培养8 h后，用蒸馏水清洗根尖，再换入蒸馏水修复培养24 h。

固定、保存：截取修复后的洋葱根尖用卡诺氏固定液固定24 h后转入卡诺氏固定液，存于4 ℃冰箱。

酸解、压片、镜检：从保存液中取出根尖，用蒸馏水漂洗，再用吸水纸吸干，放到0.1 mol/L的HCl中解离约15 min，用蒸馏水漂洗后，加入龙胆紫溶液染色（约10 min）。压片，镜检。每组重复3次，每次重复计数至少1000个细胞。

四、结果与分析

1. 原始数据，见表1所列

表1　原始数据表

剂量（mg/mL）	细胞数目	微核数目	微核率（‰）
3	1105	10	9.0
3	1233	11	8.9
3	1316	13	9.9
6	977	11	11.3
6	1381	15	10.9
6	1065	14	13.1
9	1177	21	17.8
9	1307	23	17.6
9	1402	25	17.8
12	1176	28	23.8
12	1813	35	19.3
12	1720	38	22.1
清水对照	1585	7	4.4
清水对照	1430	10	7.0
清水对照	1704	10	5.9

2. 苏丹红诱导洋葱根尖细胞微核分析

四种不同浓度的苏丹红均能诱发洋葱根尖细胞微核率的提高，见表2所列，通过t检验，与清水对照组比较，有3个实验组达极显著差异，1个实验组达显著差异，见图1。

表2　苏丹红对洋葱根尖微核率的影响表

剂量（mg/mL）	细胞数目	微核数目	微核率（‰）	t检验
3	3655	34	9.3	*
6	3423	40	11.7	**
9	3887	69	17.8	**
12	4710	102	21.7	**
清水对照	4719	25	5.3	

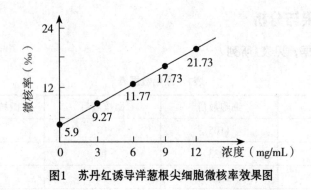

图1 苏丹红诱导洋葱根尖细胞微核率效果图

2. 结论

四种浓度的苏丹红均能诱发洋葱根尖细胞微核率的提高，和清水对照组比较，3 mg/mL实验组达到微核率差异显著水平，6 mg/mL、9 mg/mL、12 mg/mL三个实验组微核率差异达到极显著水平，并且随着苏丹红浓度的增大，诱变效应呈增强趋势。一些实验组的细胞在有丝分裂过程中还出现了染色体后期桥、染色体断裂等异常现象。实验结果说明，苏丹红具有较强的遗传毒理学效应，在实际生产生活中应严格限制其使用范围及使用剂量。

五、收获体会

通过这次实验，我们探究小组收获很多：通过教师的指导，我们掌握了许多先进实验技能和技术（如微核技术、大学生物统计学里的t检验等）；在实验实施中，我们感受到了团队协作的重要性，显微镜下数细胞数目和找出微核细胞都需要极大的精力和耐力，我们小组轮流换班，坚持不懈，让实验得以圆满结束；在实验操作中，我们强烈感受到了科学实验的严谨性，在实验中如果其中的一个步骤或一些试剂出现错误，整个实验都得重来，这让我们不禁感叹——原来科学实验是如此严谨！

在下一阶段，我们将充分利用实验室先进的仪器和设备进行更具创新性的实验和探索。

参考文献

［1］张光谋，徐振平，杨保胜，等.大蒜对香烟诱发洋葱根尖细胞微核的抑制作用［J］.新乡医学院学报，2000，17（3）：168-169.

［2］林建城，林素霞.五种食用合成色素的遗传毒理学效应研究［J］.癌变

畸变突变，1999，11（2）：96-98.

[3] 于新葛，丛月珠.大蒜的化学成分及其药理作用研究进展 [J].中草药，1994，25（3）：158.

案例2　巧妙探究洗洁精的毒害作用

一、摘 要

洗洁精的有效成分会破坏细胞的膜结构，要研究洗洁精的毒害作用，从细胞的膜结构入手不失为一个好的思路，进而巧妙地设计出与细胞膜相关的实验来验证化学洗涤剂的毒害作用。

二、研究背景

洗涤剂的去污能力主要来自表面活性剂。表面活性剂具有降低表面张力的作用，可以渗入连水都无法渗入的纤维空隙中，把藏在纤维空隙中的污垢挤出来。而洗涤剂则挤在这些空隙之中，水难以清洗它们。同样，表面活性剂也可以渗入人体。沾在皮肤上的洗涤剂大约有0.5%渗入血液，皮肤上若有伤口则渗透力提高10倍以上。进入人体内的洗涤剂不仅会使血液中钙离子的浓度下降，血液酸化，人容易疲倦，而且使肝脏的排毒功能降低，还会使原本该排出体外的毒素淤积在体内，积少成多，致使人们免疫力下降，肝细胞病变加剧，容易诱发癌症。人们在广泛使用化学洗涤剂洗头发、洗碗筷、洗衣服、洗澡的同时，化学毒素就从千千万万的毛孔渗入，人体就在夜以继日地吸收毒素，化学污染从口中渗入、从皮肤渗入，日积月累，潜伏集结。

但是，这种污染的危害在短时间内表现得不明显，其危害往往会被忽视。我们探究小组在学校做了一个随机调查，大部分教师和学生对化学洗涤剂的危害知之甚少。因此，我们觉得非常有必要去做一些直观的实验，用实验结果来验证洗涤剂的危害，从而增强人们的自我保护意识。鉴于教师和学生每天在用餐前后都要用洗洁精洗餐具，我们探究小组选择了洗洁精作为实验材料。

三、研究目的

通过查阅资料，我们知道家用洗洁精的有效成分是烷基苯磺酸钠或其类似物，是一种阴离子表面活性剂，理论上该物质会破坏细胞的膜系统。而相关文献并没有做过烷基苯磺酸钠破坏细胞膜的实验，于是我们首次选择了这一切入点。通过广泛的信息和小组内多次讨论，我们认为倘若洗洁精会破坏细胞膜，那么它就会对植物种子的萌发及细胞的生理活性产生影响。于是我们设计了"洗洁精对黄豆种子萌发率的影响"和"洗洁精对植物细胞质壁分离的影响"两个实验，以此来验证洗洁精的毒害性。

四、研究过程与数据

1. 实验1：洗洁精对黄豆种子萌发率的影响

（1）实验方法。每个实验组和对照组精选结构完整的黄豆种子100粒（便于统计），加清水浸泡24 h后分别用洗洁精和清水进行实验处理。其中表1、表2的实验中用的是雕牌洗洁精。由于无法弄清楚洗洁精的准确相对分子质量，故洗洁精的质量是在电子天平上称量出来的（装在量筒里去皮称量）。

（2）实验过程及数据。每次实验前后做了4组，最后结果取其平均值（见表1~表3）。

表1　黄豆在洗洁精和清水中浸泡不同时间后的萌发率

组别	时间（min）				
	2	5	10	20	40
实验组0.01 g/mL	86%	82%	73%	60%	49%
对照组清水	93%	95%	90%	94%	92%

表2　黄豆在不同浓度洗洁精和清水中浸泡不同时间后的萌发率（以第4 d结果为准）

时间	0.1 g/mL	0.05 g/mL	0.02 g/mL	0.005 g/mL	清水
1 d	4%	6%	5%	6%	7%
2 d	15%	60%	68%	80%	84%
3 d	15%	64%	72%	86%	91%
4 d	16%	65%	72%	86%	91%

表3 黄豆在浓度为0.01 g/mL的不同品牌洗洁精及清水中浸泡处理不同时间后的萌发率

时间	雕牌洗洁精	立白洗洁精	田七洗洁精	安利洗洁精	清水
1 d	5%	4%	5%	7%	4%
2 d	74%	65%	76%	80%	86%
3 d	78%	73%	80%	86%	93%
4 d	78%	73%	82%	88%	93%

（3）实验结果及分析

从表1可以看出，在洗洁精浓度为0.01 g/mL时（相当于1滴洗洁精∶100滴水的浓度）。黄豆种子在溶液中浸泡时间越长，萌发率越低。当浸泡时间达到40 min时，已经有一半以上的种子不能正常萌发。而对照组始终能保持90%及90%以上的萌发率。说明该浓度的洗洁精已经对细胞造成了伤害，而且这种伤害随着浸泡时间的增长而快速加大。

在表2实验中，洗洁精浓度增高时，种子的萌发率急剧下降，当浓度达到0.1 g/mL时，萌发率竟然只有16%，这说明高浓度的洗洁精对细胞的损伤非常大。与之相对应的是当洗洁精浓度降到0.005 g/mL时，种子的萌发率受的影响很小，而此浓度时的洗洁精仍然有不错的洗涤效果。建议大家在使用洗洁精时尽量降低浓度。

在表3实验中，我们选取了雕牌、立白、田七、安利四个品牌的洗洁精做实验。实验浓度均为0.01 g/mL，实验结果显示，浓度为0.01 g/mL的洗洁精浸泡种子4 d后对种子的萌发率有一定的影响。其中影响最大的是立白洗洁精，种子萌发率为73%。影响最小的是安利洗洁精，该实验组的种子萌发率为88%，接近对照组的93%。该实验还说明不同品牌的洗洁精对细胞的伤害程度是有差异的，人们选购时应当加以甄别。（注：安利洗洁精是从教师那边借来的，其浓度本身已按比例稀释过，经过二次稀释后相对浓度可能有些误差）

2. 实验2：洗洁精对植物细胞质壁分离的影响

（1）实验方法。用不同浓度的雕牌洗洁精处理洋葱，10 min后进行质壁分离实验。在显微镜下观察细胞质壁分离和复原的情况，并做统计。分离率=已经分离的细胞/视野范围内细胞的总数目×100%；复原率=能够复原的细胞/视野范围内细胞的总数目×100%。本实验重复4次，取其平均值（见表4）。

表4　洋葱在不同浓度的洗洁精中浸泡10 min后质壁分离的情况

浓度（g/mL）	0.1	0.05	0.02	0.005	清水
分离率（%）	48	78	84	92	100
复原率（%）	40	72	80	90	100

（2）实验过程及数据（每个实验前后做了4次，最终结果取其平均值）。先将洋葱皮在不同浓度的洗洁精中浸泡处理10 min，冲洗干净后放到清水中修复20 min，撕下洋葱外表皮置于蔗糖溶液（0.3 g/mL）中进行质壁分离，然后在显微镜下镜检。

（3）实验结果及分析。我们把洋葱一层层剥下来后放进不同浓度的洗洁精中浸泡10 min。然后放到0.3 g/mL的蔗糖溶液里进行质壁分离实验，在显微镜下镜检。统计出分离的细胞、复原的细胞和视野中总的细胞数，得出表4中的数据。结果显示低浓度短时间内细胞膜的活性受影响不大，但是当洗洁精浓度超过0.05 g/mL时，细胞的质壁分离就会受到严重影响，尤其是当洗洁精浓度达到0.1 g/mL时，近半数细胞的细胞膜失去活性。从复原率上看，细胞的复原能力受到细微影响，说明本实验中稀释后的洗洁精（放入蔗糖后洗洁精的相对浓度降低了）仍有一定的后继影响力。本次实验再次证明了高浓度的洗洁精对细胞的损害非常大。

五、研究结论

通过前后近两个月的课外实验，我们探究小组初步得出了以下结论：洗洁精对细胞有毒害作用；洗洁精浓度越高对细胞的毒害越大；细胞在洗洁精溶液中浸泡越久受损害的程度就越深；不同品牌的洗洁精对细胞的毒害程度有差异。我们一致建议，在日常生活中尽可能不用或少用洗洁精，即使要使用，也要选择对细胞损伤较轻的品牌，在使用过程中还要注意洗洁精的浓度和洗涤时间，尽量避免洗洁精给细胞带来的毒害。

案例3　自制生物膜系统净化污水初探

一、摘 要

生物膜系统是细胞膜和细胞器膜构成的膜系统，该系统具有选择透过性，能将对细胞有害的物质选择性地排除在膜外侧。据此原理制作的生物膜系统，理论上能够起到净化污水的作用。

二、研究背景和目的

近20年来，随着经济社会的持续快速发展，城市化进程的加快和人民生活水平的不断提高，水资源短缺和水污染问题日益突出。因此，对水资源的合理开发、污水的回收利用显得极其重要。我们生物兴趣小组经过长时间的探索和研究，试图找出一种简单实用的净水方法。通过学习和搜集生物膜的相关知识，我们知道生物膜具有选择透过性。污水经过生物膜时会发生什么现象呢？污染物会不会被拒绝在外面呢？这些想法令我们异常惊喜！于是我们决定利用生物膜的选择透过性设计出一套简便的净化装置。

三、实施过程

1. 净化流程
污水 → 静置 → 通过渗透装置初净化 → 通过生物膜二次净化 → 净化水。

2. 取污水
东莞的水库比较多，但多数水库都受到了严重污染，我们在离学校较近的同沙生态水库里设置了两个取水口，以这两个取水口上的污水作为原始材料。

污水取回后倒进小烧杯里静置24小时。

3. 把静置后的污水通过渗透装置初步净化
渗透装置的特点是让孔径较小的物质顺利通过，而让孔径较大的物质留在外面。本实验中我们是这样制作渗透装置的：在漏斗里贴一张滤纸，上面铺满沙砾（沙砾用清水洗净以免影响样水的实验数据）。

4. 生物膜净化
这一步是实验的关键步骤。生物膜具有选择透过性，理论上污水通过生物膜时污染物会被阻隔在生物膜的外面。但是如何制取生物膜呢？我们经过长期的实验，先后选择了猪小肠的肠衣、猪膀胱的外膜、鸡蛋的外膜等，但实验效果都不理想，并且这些材料容易变质。后来受"观察洋葱表皮细胞"实验的启发，我们想起曾经很容易把洋葱内表皮撕下来，于是我们决定用洋葱内表皮做生物膜。选取较大较圆的洋葱，轻轻地用刀把洋葱均匀划片，小心翼翼地撕去除内表皮外的整层皮，这个内表皮就是一个膜系统，将它撕下待用。

撕下的洋葱表皮不只是一层细胞，倘若是多层细胞的话，水分很难通过，于是我们用浓度为18%的酒精处理了一次表皮，尽可能留下一层具有活性的细胞。

处理后的洋葱表皮很快就皱缩在一起，很难将它铺开。我们通过多次尝试后发现，由于水的张力，表皮容易在水里铺开，于是我们先在漏斗里装满清水（漏斗下端用食指堵住），再把洋葱表皮放上去，待到表皮铺开后再把漏斗里的水慢慢放掉，这样洋葱表皮就紧贴着漏斗壁铺在漏斗里，形成了一个简易的生物膜系统。

把初次净化后的污水缓缓倒入漏斗里，让它慢慢通过生物膜系统，收集净化后的水检验、比较。

四、结果与分析

表1　检测结果分析表

检测项目	取水口1样水			取水口2样水			清水		
	实验前	一次净化	膜净化	实验前	一次净化	膜净化	实验前	一次净化	膜净化
浑浊度/透明度	非常浑浊	较透明	透明	比较浑浊	较透明	透明	透明	透明	透明
臭味	恶臭	有异味	无异味	恶臭	有异味	无异味	无	无	无
肉眼可见物	有	无	无	有	无	无	无	无	无
显微镜下生物	很多	较少	很少	很多	多	很少	极少	极少	极少

从整个探究过程来看，从取水口1和取水口2刚取上来的水均有异臭味，尤其是取水口1里的水简直臭不可闻；将两个地方的样水倒进烧杯后可以明显看到其浑浊度很高；当我们仔细观察烧杯时，肉眼可以看见不少微生物在游动；当

我们把样水滴在载玻片上放到显微镜下观察时，又看见了大量的微生物，与之对应的清水对照组里却很难观察到微生物。

样水经过24 h静置后，透明度有所提高，而肉眼和显微镜下的微生物却更多了。

样水通过渗透装置后，透明度明显提高了，肉眼几乎看不到微生物，显微镜下镜检时也只能看见少量微生物。该步骤说明渗透装置对污水能够起到一定的净化效果。

样水通过生物膜后，透明度进一步提高了，显微镜下镜检时已经很难找到微生物了。说明生物膜有比较好的净化作用。

总之，样水通过静置、渗透装置、生物膜过滤后，水质有了明显的改善。说明自制的生物膜系统对污水起到了较好的净化作用。

五、实验感想

做完本实验后，我们一致认为自制的生物膜系统能够起到净化污水的作用，实验中的材料容易获取，可以在一些相对恶劣的条件下制造出净化水（如缺少饮用水的沼泽地）；本实验也为生物治污提供了一定的实验依据。

同时，我们也产生了不少疑问：第一，当污水倒在未经处理的洋葱内表皮上时，水几乎透不过去，需要用一定浓度的酒精处理后，水才能透过去，该处理原理是杀死一部分细胞，使内表皮尽量保留下一层细胞。但是事实上是否能保证我们想要的细胞都留下来了？是否处理后的薄膜上每个部位仍然具有选择透过性？第二，由于实验条件所限，无法精确地检测出该自制系统的净化效果，更不知道净化后的水能否达到饮用标准。第三，如何保证生物膜能在较长时间内保持生物活性？有没有其他的生物膜可以简易获取、便于组织培养和大面积推广？

在下一个阶段，我们力争取得相关科研单位的支持，进一步完善实验的操作性、准确性和适用性。

第四章　创新开发野外生态考察实验

生物科学是一门与现实生活联系非常紧密的学科。我们结合本地独特的生物资源和生态资源优势，开展丰富多彩的生物实践活动，实现乡土资源与生物教学的有机整合，可以开发大量的野外生态考察实验。近年来，我们以同沙生态公园为基地，以周边自然保护区和实验室为依托，充分利用生态公园里丰富的自然资源开展了系列野外生态考察实验活动，这些活动以"体验、实践、创新"为宗旨，融体验、调查、实践、实验为一体，让学生亲近大自然、感受绿色，体验科技乐趣，体验科学探究的乐趣，让学生寓学习于活动之中，切实地提高了学生的科学素养。

实验1　群落最小表现面积的调查

一、活动背景

群落丰富度是高中课本涉及的概念，调查群落丰富度应先知晓各群落的最小表现面积。群落最小表现面积是指能保证展现出该群落种类组成和结构的真实特征的最小面积。群落的最小表现面积随群落类型的不同、群落所处演替阶段的不同以及所处地理环境的不同而有差异。确定群落最小表现面积的方法有好几种，其中根据群落的物种组成来确定最小表现面积的方法最为常见。

二、活动目标

（1）掌握群落最小表现面积的概念和调查方法。
（2）了解调查群落最小表现面积的意义。

三、材料用具

样绳、皮尺、钢卷尺、罗盘、海拔表、坐标纸、样方表格、铅笔、笔记本等；常绿阔叶林、针叶林、针阔叶混交林。

四、活动过程

1. 在植物群落内选取样地。选取样地时应尽量避免人为干扰。当样地确定后，按图2-4-1-1对样地内的植物物种进行计数。进行初始计数的样方面积应当合适。本实验中初始样方面积为1 m×1 m。

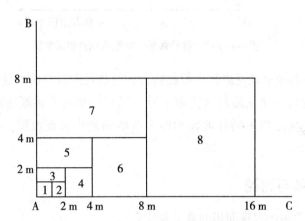

图2-4-1-1　确定群落最小表现面积时样方扩大示意图

（1）在样地内任取一点A，固定，然后设置B、C两点，分别固定。用样绳连接B、A、C点，使之垂直，如图2-4-1-1所示。

（2）在临近A处确定初始样方（1号样方，本实验中为1 m×1 m），统计该样方内物种数并计入统计表中，见表2-4-1-1。

表2-4-1-1　群落最小面积统计表

调查样方面积	调查面积中具有物种的名称	累计调查面积	累计调查面积中物种的名称

（3）扩大样方，统计2号样方中新出现的物种数。如此逐渐扩大样方面积，统计扩大样方中出现的新物种数并计入表格中。

2. 绘制物种数量—样地面积曲线。依据记录表中的数据，以样地面积为横轴，以物种数为纵轴，绘出物种数量—样地面积曲线，如图2-4-1-2所示。随着样方增多和样地面积的增大，物种的总数也增多。但达到一定面积后，种数却甚少增加。

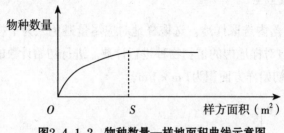

图2-4-1-2　物种数量—样地面积曲线示意图

3. 确定群落最小表现面积。根据物种种类数目随取样面积变化而绘制的物种数量—样地面积曲线最初为快速上升，而后增加速率逐渐下降。当曲线呈水平延伸时，该点所示的样地面积即为群落的最小表现面积，如图2-4-1-2中的S。

五、思考与讨论

1. 调查群落最小表现面积的意义是什么?
2. 群落最小表现面积在实践中有哪些应用?

实验2　用样方法调查群落的数量特征

一、活动背景

样方法是调查植物种群密度的常用方法，也是植物群落调查中普遍使用的取样技术。样方是以一定面积的样地作为整个研究区域的代表。样方的大小和数目主要取决于所研究群落的性质，也可以根据最小样地原则确定取样的大小。样方的数目可根据群落的类型、性质和结构而定。取样时，样方越多，代表性越大，但所费的人力、物力也越大。

二、活动目标

掌握样方法调查群落的数量特征。

三、活动材料

样绳、皮尺、钢卷尺、罗盘、海拔表、坐标纸和样方表格等；针叶林、针阔叶混交林、常绿阔叶林。

四、活动过程

1. 根据最小样地面积确定样方的大小和数目。样地面积在针叶林、针阔叶混交林、常绿阔叶林三种群落类型中分别为200 m^2、200 m^2和500 m^2。把三个样地面积划分为若干个小样方。200 m^2的样地分为若干个2.5 m×2.5 m的小样方；500 m^2的样地分为若干个5 m×5 m的小样方。

2. 记录群落的环境，对群落进行定性描述，见表2-4-2-1。

表2-4-2-1 群落环境和群落特点记录表

群落环境特点			群落特点		
地理位置			建群种、优势种		
地形情况			层次		
海拔高度（m）			类型		
坡向、坡度			外貌		
土壤	名称		郁闭度	总郁闭度	
	层次			第一层	
	湿度			第二层	
	酸碱度			第三层	

3. 逐一调查统计群落各小样方乔木中出现植物的物种名称、胸径，并填入表2-4-2-2中。

调查者：＿＿＿＿＿＿＿＿＿＿＿＿　　　调查日期：＿＿＿＿＿＿＿＿

样地面积：＿＿＿＿＿＿＿＿＿＿＿　　　群落类型：＿＿＿＿＿＿＿

地理位置：经度：＿＿＿＿＿＿＿＿＿　　　纬度：＿＿＿＿＿＿＿＿

海拔：＿＿＿＿＿＿＿＿＿＿＿＿＿＿　　　坡向：＿＿＿＿＿＿＿＿

坡度：＿＿＿＿＿＿＿＿＿＿＿＿

表2-4-2-2　群落各小样方乔木中出现植物的物种名称、胸径表

样方号	种名							
1								
2								
……								
总个体数								
出现样方数								
总胸高断面积								

4.整理数据资料。确定各个种的密度、显著度和频度，然后计算出密度、显著度和频度的相对值，三者合并为重要值，把相关数值计入表2-4-2-3中。本实验中只对乔木层进行重要值分析。

表2-4-2-3　样方抽样技术植被分析简表

物种名称	密度	相对密度	频度	相对频度	相对显著度	重要值	重要值序
……							
总和							

密度反映单位面积的个体数。显著度反映单位面积的植株底面积或植冠覆盖面积。频度是指群落中某种植物出现的样方数占全部调查样方数的百分比，它反映物种分布的均匀度。重要值是描述物种在群落中重要性的综合指标。各种值的计算公式如下：

（1）密度=样地内某种植物的密度/样地面积。

（2）相对密度=（某种植物的密度/样地内所有植物的密度之和）×100%。

（3）频度=含有某物种的小样方数/样地内小样方总数。

（4）相对频度=（某种植物物种的频度/样地内所有植物的频度之和）×100%。

（5）相对显著度=（某物种所有植物胸高断面积之和/所有物种胸高断面积之和）×100%。

（6）物种重要值=（相对密度+相对频度+相对显著度）/3。

5. 群落综合描述

根据调查整理计算的结果，从外貌和结构描述整个群落。

五、思考与讨论

1. 对于所研究的群落而言，哪些数量指标较为合适？

2. 试分析重要值和显著度的异同。

实验3　生态系统中鳞翅目昆虫多样性调查

一、活动背景

生态系统有丰富的生物多样性。物种之间彼此联系形成复杂的种间关系，维持生态系统的稳定。生物多样性既是衡量当前物种数目多少和比较每种物种数量的重要参数，也是衡量生态系统稳定性的重要依据。了解生态系统中各生物的生物多样性变化对生态系统保护至关重要，这就要求研究人员必须掌握生态系统中各类生物的生物多样性的调查方法。为了兼顾科学性和趣味性，研究人员可以选择鳞翅目和蜻蜓目昆虫作为调查对象。本次实验活动选择鳞翅目昆虫作为调查对象。

二、活动目标

1. 理解下列专业术语：鳞翅目、生物多样性。
2. 学会使用三级台、捕网、毒瓶、展翅板等工具。
3. 掌握简单的物种鉴定方法。

三、活动器材及其使用方法

1. 捕网

捕网由网圈、网柄和网袋三部分组成。网圈直径约为33 cm，用8#铅丝或者折叠的钢片制成，固定在100 cm长的竹或木制品上，或其他金属杆。网袋用透气良好的白色或浅绿色尼龙纱或其他材料制成，其长度为网圈直径的两倍，网底略圆。使用方法：对准昆虫挥网，当虫入网后使网底向上甩，连虫带网底翻到上面来。

2. 毒瓶

可用广口瓶或特制毒瓶。制作时先在瓶内放5 g氰化钾块或粉末，上盖一层厚度约为2 cm的木屑，用木棒压紧木屑，再往木屑上浇铸一层厚约1 cm的熟石膏粉，最后将用滤纸剪成的圆形纸片盖于石膏表面，并用解剖针在上面扎5～8个孔，利于毒气挥发。为了避免昆虫死前相互碰撞，可放些纸条在瓶中，并用红色的写有"剧毒"字样的标签标于瓶上。在野外使用时，毒瓶应该在操作者的下风口打开。操作者观察瓶内标本时，不要打开瓶盖，应隔瓶观察。如果操作过程中操作者不小心打碎毒瓶，应择地将其深埋。因购买氰化钾需得到公安许可，若购买不到，可用核桃仁替代。

3. 三级台

针插标本用三级台整理，才符合国内外标本交换的要求，而且会更美观。三级台用较硬的木头制成，分为三级，每级0.8 cm，中央有一个小孔，如图2-4-3-1所示。使用时，首先，用昆虫针刺穿虫体，把针倒过来，放入三级台的第一级小孔中，使虫体背部与第一级相接触，虫背与针冒的距离为0.8 cm。其次，用昆虫针刺穿采集标签的中央，把针尖放入第二个小孔中，标签下方的高度与三级台第二级的高度相等。最后，用昆虫针刺穿鉴定标签的中央，把针尖放入第三个小孔中，标签下方的高度与三级台第三级的高度相等。

图2-4-3-1　木制三级台

4.展翅板

展翅板多用质地松软的木头或泡沫板制成，板面长30 cm，宽10 cm。展翅时，先用针插好虫体，将其穿入展翅板的槽中，调整板面宽度，将纸条压于翅上，并用大头针将纸条前端固定，然后调整翅的角度，鳞翅目和蜻蜓目使其两个前翅前缘左右成一条直线，最后用大头针将纸条后端固定。

四、活动过程

1. 挑选学校周边的生态公园或自然保护区作为对象，通过前期走访，找到合适的生态系统作为对象，并规划好调查路线，最后找到自然保护区内能提供食宿的人家。

2. 采集蝴蝶主要采用路线调查法，用捕网对沿线的鳞翅目昆虫进行捕捉，将捕到的昆虫及时放入毒瓶中，待昆虫死后将其倒出并转移到用报纸制作的三角袋中，每个三角袋内放一只昆虫，并记录采集信息。采集蛾类时采用引诱法，蛾类通常在夜间活动，利用其趋光的特性，可用灯光诱捕法进行采集。如图2-4-3-2至图2-4-3-4所示。

图2-4-3-2　学生用捕网捕捉昆虫

图2-4-3-3　王更强老师在指导

图2-4-3-4　学生在给昆虫展翅

3.将采集到的标本带回学校实验室，用5号昆虫针从鳞翅目昆虫中胸背板中央插入，用展翅板进行展翅，然后等待定型。若当天不能处理完所有标本，可将标本放入保湿器中，有时间再做，如图2-4-3-5、图2-4-3-6所示。

图2-4-3-5　展翅板上展翅操作

图2-4-3-6　红三色蛱蝶

4.用检索表或鳞翅目昆虫图鉴鉴定昆虫的科和种，并制作采集标签（见图2-4-3-7）和鉴定标签（见图2-4-3-8）。

```
____日____月____年

采集地

采集人

采集场所
```

图2-4-3-7　采集标签

```
东莞市第一中学

科名

学名

性别

鉴定人
```

图2-4-3-8　鉴定标签

5. 用三级台整理标本，插上采集标签和鉴定标签，将做好的标本放入标本盒中，并向标本盒中放入一些樟脑丸进行驱虫和防腐。

6. 最后对各物种标本进行分类和统计，计入生物多样性统计表，见表2-4-3-1。

表2-4-3-1　各物种标本分类和统计表

生物标号	物种名	数目

五、思考与讨论

1. 该生态系统鳞翅目昆虫生物多样性如何？

2. 若鳞翅目昆虫生物多样性锐减，对该生态系统有何影响？

实验4　路线统计法调查鸟类的数量

一、活动背景

鸟类的数量统计工作能帮助我们进一步分析动物的区系特征。鸟类生态学如果缺少数量统计的资料，将无法研究种群特征、种群密度和数量波动等问题，也难以探讨鸟类在生物群落和生态系统中所处的位置和所起的作用。实际上，估算鸟类的经济价值，评价农林鸟类益害的大小以及保护和挽救濒临灭绝的珍稀鸟类，在保持生态平衡中起着重要的作用。上述工作均需相对准确的数量资料。因此，野外鸟类数量的调查是一项不可忽视的重要工作。鸟类数量调查的方法通常有样方统计法、路线统计法和样点统计法等，其中路线统计法更能兼顾学生的兴趣，人们通常选择路线统计法作为鸟类数量的统计法。

二、活动目标

1. 认识常见的鸟类。

2. 学会用路线统计法调查鸟类的数量。

3. 简单评价鸟类的多样性。

三、活动器材

铅笔、望远镜、计时器、笔记本。

四、活动过程

1. 指导教师先带领学生选定调查地点，熟悉当地鸟类的组成、活动规律和鸟类的鸣叫声音；然后规划好调查路线和确定具有代表性的地段；最后按照事先规划的调查路线进行野外调查，统计遇到的鸟类和数目，并将结果计入线路法鸟类数量统计表中。统计时应该注意以下几点：

（1）统计时间应该在鸟类活动最强的时刻进行，这样所得到的数值比较接近真实值。鸟类活动一般在日出后和日落前的2~3 h，故此时是统计鸟类数量的最佳时间。

（2）为了统计数值更准确，应尽量选择晴朗、温暖、无风的天气进行统计，因为阴雨天和大风天气都会影响鸟类的正常活动，从而影响统计结果。

（3）统计前，在野外记录本的右页事先画好记录表格，左页的空白留作记录用，样式见表2-4-4-1。

表2-4-4-1　线路法鸟类数量统计表

（左页） 野外统计笔记 日期：年　月　日 地点：东莞市同沙生态公园 天气：晴有微风 温度： 6：00—8：00　同沙环湖公路上 17：00—19：00　同沙西门至梁家庄绿道	（右页） 线路法鸟类数量统计表 （同沙生态公园鸟类数量统计表）		
	种数　统计起 始时间 数量 种类	6：00— 8：00	17：00— 19：00
	1.　白鹭 2.　珠颈斑鸠 ……　…… 11.　麻雀		
	统计人：		

（4）开始统计时，在记录本的左页写上简要的生境特征和开始时间，在右页的第二行上也记录时间，将遇到的鸟类一一填入表中。如同时遇到两只或两只以上，则直接用阿拉伯数字写上；如遇到单只鸟类，则用画"正"的计数方法，见一只画上一笔。

（5）统计时行走速度以每小时1~3 km为宜（因研究目的和调查对象而异），统计过程最好不要中途停留，避免某些鸟类往返飞翔而影响统计效果。

（6）统计时一般统计左右两侧见到或听到的鸟类和从前往后飞的鸟类，从后往前飞的鸟类不要统计，避免重复统计。

2. 返回住地后，整理当天各生态环境中鸟类种数和各种鸟类的数量，计入鸟类数量统计分析表中，见表2-4-4-2。

表2-4-4-2　鸟类数量统计分析表

项目	种数	占比（%）	个体数	占比（%）
营巢鸟类总数				
4 h在统计线路上遇到的鸟类				
优势种（个体数占10%以上）				
普通种（个体数占1%~10%以上）				
稀有种（个体数占少于1%以上）				
优势种+普通种				

五、思考与讨论

1. 你调查的生态系统中优势种有哪些?

2. 该调查结果有什么作用?

实验5　探究水生植物的适应性特征

一、活动背景

能在水中生长的植物，统称为水生植物。根据水生植物的生活方式，一般将其分为以下几大类：挺水植物、浮叶植物、沉水植物、漂浮植物以及湿生植物。

适应性是指生物体对所处生态环境的适应能力，是经过长期的自然选择形成的。水生植物长期生活在水中，形成了一系列适应水生环境的形态结构。对此，学生通过肉眼或借助显微镜进行观察，发现植物的适应性特点，这样有利于学生形成结构决定功能和功能与结构相适应的观念。

二、活动目标

1. 掌握植物徒手切片技术和植物组织的简单染色法。
2. 了解水生植物与陆生植物在形态结构上的主要区别。
3. 巩固光学显微镜的使用方法。

三、材料与用具

1. 溶液或试剂：0.1%亚甲基蓝、1%番红水溶液。
2. 仪器或其他用具：显微镜、刀片、载玻片、盖玻片、镊子、吸水纸、培养皿、吸管、毛笔刷。
3. 材料：
（1）水生植物：荷花（见图2-4-5-1）、水葫芦（见图2-4-5-2）、水芋、芦苇、狐尾藻（见图2-4-5-3）等。
（2）陆生植物：夹竹桃、软枝黄蝉、薇甘菊等。

图2-4-5-1　荷花　　　　　　　图2-4-5-2　水葫芦

图2-4-5-3　狐尾藻

四、活动过程

1. 选择并确定有水生生态系统的生态公园或自然保护区作为调查地点。

2. 寻找水生植物和陆生植物，对比观察水生植物与陆生植物的根、茎、叶等器官的外部形态。同时采集发育正常、软硬适中的植物器官或组织作为徒手切片的材料带回实验室。所取的新鲜材料应及时放入水中，以免进行徒手切片时，叶片已萎蔫。

3. 在实验室对植物进行徒手切片并制作临时装片。

（1）取材：当材料太硬时，可用1.5%的氢氟酸或用甘油和70%酒精的等量混合液进行软化处理；当材料太软时，可用马铃薯块茎、胡萝卜等做支持物，把材料夹在其中进行切片。对有些植物的叶片可卷成筒状进行切片或用三片双面刀片制成简易的"切刀"进行切片。取材的大小，一般直径不超过5 mm，长度以15～25 mm为宜。

（2）切片：先把欲切的材料用刀片削成大小适宜的段块，并将切面削平，然后将材料和刀片蘸水湿润。左手夹住材料，右手捏住刀片并以均匀的力量和平稳的动作使刀刃自左前方向右后方斜切。切片要薄、平而完整，将切下的切片用毛笔刷蘸水从刀片上轻轻移入培养皿的清水中。

（3）制作临时装片：在洁净的载玻片中央滴一滴清水，用镊子在培养皿中挑选薄而透明、完整的切片放在水滴中，取干净的盖玻片自水滴左侧慢慢斜着盖下，以免产生气泡。如有需要，可用0.1%亚甲基蓝或1%番红水溶液进行染色。

4. 在显微镜下观察并比较水生植物与陆生植物根、茎、叶的形态与结构特点（见图2-4-5-4）。观察时应注意下面几个特征：

（1）水生植物的细胞间隙特别发达，还发育有特殊的通气组织（见图2-4-5-5），以保证植株的水下部分能有足够的氧气。水生植物的通气组织有开放式和封闭式两大类。莲等植物的通气组织属于开放式的，空气从叶片的气孔进入后能通过茎和叶的通气组织，进入地下茎和根部的气室。整个通气组织通过气孔直接与外界的空气进行交流。金鱼藻等植物的通气组织是封闭式的，它不与外界大气连通，只贮存光合作用产生的氧气供呼吸作用之用，以及呼吸作用产生的二氧化碳供光合作用之用。

图2-4-5-4　学生在制作和观察切片

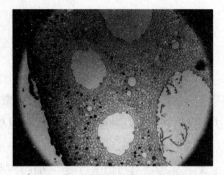
图2-4-5-5　水生植物的通气组织

（2）水生植物的叶片面积通常较大，表皮发育微弱或几乎没有表皮。浸没在水中的叶片部分表皮上没有气孔，而浮在水面上的叶片表面气孔则常常增多。此外，浸没在水中的叶片没有栅栏组织与海绵组织的分化。水生植物叶片的这些特点都是适应水中弱光、缺氧的环境条件的结果。同时，这些非常薄、强烈分裂的叶片能充分吸收水体中丰富的无机盐和二氧化碳。爵床科的水罗兰就是一个典型的例子，它的叶片分为两型叶，水面上的叶片能够进行正常的光合作用，而浸没在水中的、强烈分裂的叶片还能吸收无机盐。

（3）生活在静水或流动很慢的水体中的植物，由于长期适应于水环境，其茎内的机械组织几乎完全消失。根系的发育非常微弱，有些几乎没有根，主要是水中的叶代替了根的吸收功能，如狐尾藻。

（4）水生植物以营养繁殖为主。

五、思考与讨论

1.水生植物通常具有很发达的通气组织，请问它有什么作用？

2.狐尾藻的丝状叶片是如何适应水生环境的？

3.水生植物与陆生植物的根系形态及显微结构有什么不同？为什么？

野外生态考察实验案例

案例1　东莞同沙生态公园入侵植物种类的调查初探

一、调查准备

1. 背景

在假期里，我们参加了东莞一中的绿色科技生物夏令营，跟随教师走进同沙生态公园考察。同沙生态公园总规划占地面积为4000公顷，其中山林3000公顷，湖水面积1000公顷，动物有穿山甲、白鹭、褐翅鸦鹃、翠鸟、猫头鹰、虎纹蛙以及蛇、蝶、蜂等。园内森林植被主要以人工林为主，主要树种有桉树、樟树、相思树、藜蒴、桃金娘、三桠苦、秋枫、尖叶杜英、野牡丹、五色梅、荔枝、龙眼等。在那里，我们发现了几种入侵植物，其中有些入侵植物大面积覆盖，已威胁到其他植物的生长。为了进一步探究入侵植物及其危害，我们展开了调查。

2. 研究目的

（1）让学生亲近大自然、了解大自然，丰富课外活动，了解课外知识。

（2）了解入侵植物的形态、生活习性及是否有特殊的器官。

（3）了解入侵植物的来源对环境有什么危害。

（4）了解入侵植物是如何疯狂繁殖的。

（5）了解怎样治理入侵植物与每年大约要投入多少费用来治理入侵植物。

（6）通过了解入侵植物来宣传保护环境。

3. 调查方法

表1　调查表

时间	8月20日	8月21日	8月22日	8月23日
任务	上午对任务做简单了解；下午去同沙生态公园做初步调查时首次发现马缨丹	上午对同沙生态公园的常见植物进行基本了解，途中发现空心莲子草；下午去同沙生态公园的树林中观察，发现漫山遍野的薇甘菊	上午去同沙生态公园捕捉鳞翅目昆虫，顺便观察鳞翅目昆虫多少及其与入侵植物的关系；下午去同沙生态公园沿河道观察，发现常见的水葫芦	上午去污水处理厂观察；下午总结

续 表

时间	8月20日	8月21日	8月22日	8月23日
地点	同沙生态公园			
路径	8月21日早，同沙生态公园的外小圈； 8月21日午，干涸的鱼塘、附近的树林和十里荷塘周边		8月22日早，靠门口的荷塘和园中山地 8月22日午，在有旧民屋附近的山路走	
调查对象	水葫芦	薇甘菊	马缨丹	空心莲子草

二、调查内容及结果

在同沙生态公园主要发现四种入侵植物：水葫芦、薇甘菊、马缨丹、空心莲子草。

1. 水葫芦

水葫芦是多年生宿根浮水草本植物，因其浮于水面生长，又叫水浮莲。水葫芦的茎叶悬垂于水上，蘖枝匍匐于水面；花为多棱喇叭状，花色艳丽美观；叶色翠绿偏深，叶全缘，光滑有质感；须根发达，分蘖繁殖快，管理粗放，是美化环境、净化水质的良好植物。但是它也有害处：水葫芦繁殖能力很强，就是因为太强了，常覆盖在整个湖面上，使得水中的其他植物不能进行光合作用，水中的动物也得不到充分的空气与食物，破坏了水中的生态平衡。

形态特征：多年生浮水草本，须根发达且悬垂于水中。单叶丛生于短缩茎的基部，每株6~12叶片，叶呈卵圆形，叶面光滑。叶柄中下部有膨胀如葫芦状的气囊，基部具削状苞片。花茎单生，穗状花序通常有9~12朵花，花被6裂，紫蓝色，上有1枚裂片较大，中央有鲜黄色的斑点。花两性，花柱细长，子房上位。

习性：水葫芦喜欢在向阳、平静的水面，或潮湿肥沃的边坡环境中生长。在日照时间长、温度高的条件下生长较快，受冰冻后叶茎枯黄。

繁殖方式及方法：繁殖方法为分株繁殖或播种繁殖，以分株繁殖为主。将横生的匍匐茎割成几段或带根切离几个腋芽，投入水中即可自然成活。此种繁殖极易进行，繁殖系数也较高。水葫芦种子发芽力较差，播种繁殖时，种子需要经过特殊处理，一般不用播种繁殖。

来历原因：水葫芦原产于巴西，1844年作为观赏植物被带到美国的一个园艺博览会上，当时它被预言为"美化世界的淡紫色花冠"，从此它迅速走向了世界。1901年，它被引入中国，现已成为危害严重的外侵植物。

现状：目前，中国有这种水葫芦上百万吨，为了防止水葫芦的危害加强，政府投资数亿元捕捞水葫芦。入侵最严重的地区，最早被报道的有滇池，其他还有太湖流域等。2009年6月，央视报道了水葫芦对福建闽江流域水电站和沙溪口水电站的巨大压力，在库区已经形成数万亩的水葫芦聚集带，犹如茫茫草原，人工打捞需要2个月以上，其对发电航运和生态环保构成极大压力。

入侵范围：水葫芦原产于巴西，在原产地受到生物天敌的控制，仅以一种观赏性种群零散分布于水体，1844年在美国的一个园艺博览会上曾被喻为"美化世界的淡紫色花冠"。自此以后，水葫芦被作为观赏植物引种栽培，现已对亚、非、欧、北美洲的数十个国家造成危害。19世纪期间，它被引入东南亚，1901年作为花卉引入中国，20世纪30年代作为畜禽饲料引入中国内地各省，并作为观赏和净化水质的植物推广种植，后逃逸为野生。其无性繁殖速度极快，现已广泛分布于华北、华东、华中、华南和西南的19个省市，尤以云南（昆明）、江苏、浙江、福建、四川、湖南、湖北、河南等省的入侵最为严重，并已扩散到温带地区，如锦州、营口一带。它繁殖迅速，又几乎没有竞争对手和天敌（虽然有多种野生、家养动物以其茎叶为食，但取食量较小，与其庞大的生长量相比毫无影响），在我国南方江河湖泊中发展迅速，成为我国淡水水体中主要的外来入侵物种之一。水葫芦主要分布在中国南方，北方河流有冻结期，水葫芦无法在自然状态下生存。但近年来随着全球变暖和它的自然选择进化，其危害区有向北拓展的趋势。在同沙水库中，水葫芦种群零散分布。

危害：水葫芦本身虽然有很强的净化污水的能力，但大量的水葫芦覆盖河面，容易造成水质恶化，影响水底生物的生长。水葫芦繁殖速度极快，生长时会消耗大量溶解氧，几乎成了"污染"的代名词。滇池、太湖、黄浦江及武汉东湖等著名水体，均出现过水葫芦泛滥成灾的情况，人们耗费巨资也无法根治。水葫芦给滇池造成损失的案例是入侵物种危害的经典案例之一。每年4月中旬，水葫芦现身三峡水库区周围，水葫芦封锁河面，绵延数公里……据悉，水葫芦生长速度非常快，能在短期内将整个水面遮掩住，消耗大量溶解氧，以致水生生物无法生存，特别是在秋季，它的根叶会迅速腐烂，不仅堵塞水上交通，还会污染水源。

威胁：水葫芦繁殖能力强，覆盖整个湖面，使得水中的其他植物不能进行光合作用，水中的动物得不到充分的空气与食物，破坏了水中的生态平衡；在秋季，它的根叶会迅速腐烂，不仅堵塞水上交通，还会污染水源，使某些旅游路线被迫取消，造成直接的经济损失。

2. 薇甘菊

形态特征：薇甘菊属菊科、假泽兰属，属多年生草本或灌木状攀缘藤本。叶片对生，形似卵心形或戟形，渐尖，叶长4~13 cm不等。圆锥花序顶生或侧生，头状花序小，花冠白色。种子长椭圆形，长约2 mm，种子尖端有短而硬的白色冠毛，种子很轻但数量巨大，易生长于肥沃、潮湿的土地，追光性强，在阴暗处生长缓慢，在向阳处生长迅速。开花季节大约在11~12月间，种子大约在12月底成熟。它既能匍匐生长又能攀附在树冠上，枝叶在树冠表面生长极为迅速，很快形成覆盖之势。

基本信息属性：喜阳性植物，具有危害性，目前已被列入我国首批外来入侵物种名单。薇甘菊的茎节和节间都能生根，每个节的叶腋处都可长出一对新枝，故薇甘菊又叫"一分钟一英里"，这形象地比喻了其快速的生长和扩散。在土壤疏松、有机质丰富、阳光充足的生长环境中，薇甘菊特别易于生长。薇甘菊常见于被破坏的林地边缘、荒弃农田、疏于管理的果园、水库和沟渠或河道两侧。

植株特点：幼茎呈绿色，老茎呈咖啡色，老茎上的纹亦变得明显。叶呈翠绿色，边缘像锯齿，似心形或卵形，如缩细了的海芋叶子。花呈白色，许多小花朵组成一簇簇的花球。花朵盛开时往往掩盖叶子，形成白色的花海。种子细小，呈黑色，顶端有簇毛，可随风传播和在水面漂浮。种子成熟时亦是整株薇甘菊枯萎的时间。3~9月为薇甘菊的生长期，9月和10月为花期，11月至翌年2月为果期。

来历原因：薇甘菊兼有性和无性两种繁殖方式，其籽粒相当微小，瘦果黑色，冠毛白色，可随风迁移到遥远之地。乘风传播扩散种子是薇甘菊广泛入侵的重要原因，成为当今世界热带、亚热带地区危害严重的杂草之一。1919年前后，薇甘菊作为杂草在香港出现，现已被列为世界上最有危害的100种外来入侵物种之一，也被列为中国首批外来入侵物种之一。薇甘菊的原产地在美洲，在那里有多达160多种昆虫和菌类作为天敌控制其生长，难以形成危害。薇甘菊入侵我国后，因无天敌制约而造成祸害。

现状：薇甘菊是当今世界热带、亚热带地区危害最严重的杂草之一。大约在1919年，薇甘菊作为杂草在香港出现，1984年在深圳被发现，现在广泛分布在珠江三角洲地区。在同沙生态公园的深山密林中，薇甘菊分布广泛。

危害：薇甘菊是喜阳性植物，喜生长于光照和水分条件较好的地区，其对土壤生态环境的要求很低，是一种具有超强繁殖能力的喜欢攀缘的藤本植物，攀上灌木和乔木之后，它能迅速形成整株覆盖之势，并能分泌毒汁，抑制其他植物生长。薇甘菊对于6～8 m高的天然次生林、人工速生林、经济林、风景林的几乎所有树种都有严重威胁，运用攀缘全部覆盖限制光合作用以及分泌毒汁抑制其他植物生长的双重手段来杀死其寄生的树木，造成成片树林枯萎死亡，造成森林生态系统破坏，其中的动物因无法觅食而走向灭绝。当然，薇甘菊损害经济林，给农民的收入带来直接影响，人们用以防治薇甘菊的资金也花费了不少。

3. 空心莲子草

形态特征：空心莲子草是一种多年生宿根性杂草，生命力强，适应性广，生长繁殖迅速，水陆均可生长。空心莲子草根系发达，地上部分繁茂，在农田中生长会与作物争夺阳光、水分、肥料以及生长空间，造成减产。空心莲子草抗逆性强，靠地下（水下）根茎越冬，利用营养体（根、茎）进行无性繁殖。冬季温度降至0 ℃时，其水面或地上部分已冻死，春季温度回升至10 ℃时，越冬的水下或地下根茎即可萌发生长；茎段曝晒1～2 d仍能存活。空心莲子草的茎基部匍匐生长，上部伸展且中空，有分枝，节腋处疏生细柔毛。叶对生，呈长圆状倒卵形或倒卵状披针形，先端钝圆，有芒尖，基部渐狭，表面有贴生毛。头状花序单生于叶腋，总花梗长1～6 cm；苞片和小苞片干膜质，宿存；花被片5枚，白色，不等大；雄蕊5枚，基部合生呈杯状，退化雄蕊顶端分裂成3～4窄条；子房倒卵形，柱头头状；花期在5～11月。

来历原因：空心莲子草原产于巴西，20世纪30年代末被引种至中国，起先在上海郊区栽培用作养马饲料，20世纪50年代，中国南方一些省市将其作为猪羊饲料推广，随后其又被进一步引入中国长江流域及南方各省。

现状：该草已成为恶性杂草。人工防除的方法不仅不能防除空心莲子草，反而会加重空心莲子草的蔓延和扩散。这些是空心莲子草能迅速生长蔓延的主要原因，也为空心莲子草的防除工作增加了难度。

入侵范围：空心莲子草生于池沼、水沟，原产于巴西，曾在我国北京、江苏、浙江、江西等地引种，后为野生。

危害：空心莲子草主要在农田（包括水田和旱田）、空地、鱼塘、沟渠、河道等环境中生长。空心莲子草根系发达，地上部分繁茂，在农田中生长会与作物争夺阳光、水分、肥料以及生长空间，造成减产；在田埂和田间成片生长，影响农事操作；在鱼塘等水生环境中生长繁殖迅速，降低水中溶解氧含量，腐败后又污染水质，影响鱼虾生长和捕捞；在河道和沟渠中生长会堵塞水道，限制水流，增加沉积，对水上运输和农田灌溉造成极为不利的影响；在路边、公用绿地、居民区等生长会影响环境的美观和卫生。

其他：①排挤其他植物，使群落物种单一化；②入侵湿地、草坪，破坏景观；③滋生蚊蝇，危害人类健康。

4. 马缨丹

形态特征：马缨丹是常绿灌木，花期大约是在4月中下旬至隔年的2月中旬，不过也因气候与温度的影响几乎整年都能看到它开花，可以说是一种不知道疲倦的植物。马缨丹花色艳丽，枝叶及未熟果有毒，全株皆可入药。

来历原因：原产于美洲热带地区，世界热带地区均有分布。花很容易开，所以结成果实的量也相当多，传播性很强，一旦有适合的环境就很容易生长，枝条横生，呈块状扩展。马缨丹的周围常常都没有其他植物，排他性非常强。其茎上长有倒刺，一般动物难以直接走过，是一种相当强势的侵略性植物。

现状：中国南方可于庭院单独栽培观赏，也可集中栽培做开花地被。北方可盆栽观赏。其入侵性未及以上几种植物严重。

危害：其枝叶及未熟果有毒，人畜误食会造成慢性肝中毒，有发烧、衰弱、呕吐、腹泻、步履不稳、呼吸急促、昏迷、黄疸等症状。如果中毒，立即就医即可。

图1　水葫芦

图2　薇甘菊

图3　空心莲子草

图4　马缨丹

三、防护措施及其建议

1. 目前使用的防护措施

（1）水葫芦

① 化学防除。科学工作者们经过一段时间的努力，已经在化学防除的方面取得了一定成果。通过对四种除草剂（克芜踪、草甘膦、苄嘧磺隆和恶草灵）对水葫芦的控制效果的研究表明，克芜踪效果最显著，其次为草甘膦，苄嘧磺隆和恶草灵对其也有一定的抑制效果，但并不能起到致死作用。另外，克芜踪对专食水葫芦的天敌——水葫芦象甲成虫具有一定的致死作用，草甘膦对水葫芦象甲的成虫、卵和幼虫均无直接影响。②生物防除。生物防除水葫芦从20世纪60年代初期，在水葫芦原产地乌拉圭进行天敌调查开始。1967年，英联邦生防所在南美洲北部和西印度地区开始调查研究；1968年，美国农业部在阿根廷实验室也开始了水葫芦的生防研究工作；1978年，澳大利亚在巴西及其邻近国家进行该项研究。在乌拉圭、特立尼达、阿根廷、美国佛罗里达和南美洲其他国家以及印度共发现70多种取食水葫芦的节肢动物，在巴西还发现3种取食水葫芦的节肢动物，以及三种螨类。在天敌的选择过程中，昆虫及螨类由于体型小、易于培养和研究而被特别重视。目前，生物防治中用得最多的生物是水葫芦象甲。在自然界长期的进化过程中，生物与生物之间相互制约、相互协调，将各自的种群限制在一定的范围，并维持一定的数量，形成稳定的生态平衡系统。在"大养特养"的口号下，水葫芦曾一度被作为一种高产的水生饲料在我国南方的许多地方推广。从20世纪80年代开始，水葫芦开始在我国南方许多河道泛滥成灾。在脱离原产地天敌控制的状况下，水葫芦的疯狂繁殖破坏了当地物种之间的平衡关系，造成大量水生动物、植物的死亡。但是水葫芦的引进给我们的教训让我们不得不谨慎地对待外来物种的引进。因此，迄今为止，水葫芦象甲还仍然在我国科学家的实验室里。水葫芦象甲安全性实验和对水葫芦控制实验表明，水葫芦象甲对水葫芦有很强的专一性，对水葫芦的生长也有明显的控制效果。③利用水葫芦象甲和农达除草剂综合治理。在综合治理的策略上，可在河道的一侧留存水葫芦，以使水葫芦象甲种群保存，而另一侧喷施除草剂可达到综合治理的效果。直接在有水葫芦象甲的水葫芦上喷施农达除草剂既可有效地控制水葫芦的生长，又可保留一定种群数量的水葫芦象甲，但除草剂用量要适宜，选择既可有效抑制水葫芦植株生长和种群繁殖，又在短期内难以杀灭植株的药量，是维系象甲种群存在的关键。利用这种方法只要使用正常用量的1/10，就可获得十分显著的控制效果，这将在很大程度上避免因过

量应用农达而带来的环境及成本问题。④利用河蟹控制。当4～5月份水温达到15 ℃时，水葫芦将开始繁殖。这时可利用河蟹对水葫芦新根、新茎的喜食性，在水葫芦较多的池塘投放一定量的河蟹，这样做能有效地控制水葫芦的生长，又可提高蟹的产量和成活率。⑤人工打捞。人工打捞是一种原始的方法，但很奏效。关键是打捞时间的确定，在水葫芦开始繁殖前，或在施用农药见效后打捞，都能起到事半功倍的效果。特别是人工打捞与化学防除结合起来，当用除草剂使水葫芦枯萎时，再对其进行打捞，效果十分明显。

（2）薇甘菊

①人力铲除。这是最原始的方法，也是目前比较行之有效的方法，但缺点是只能治标，不能治本。一次铲除之后，每隔一段时间又要再铲除，成本高、效率低。②化学方法。用化学除草剂（如2，4-D等）在薇甘菊开花之前喷洒于叶面，能收到较好的效果，但缺点是污染环境，还会影响其他植物。化学防除技术中采用森草净杀灭薇甘菊的效果较好。化学防除技术有三种方法，分别是非定向喷雾法、定向喷雾法和根施法。非定向喷雾法：对于大面积受薇甘菊危害的地段采用非定向喷雾法，向薇甘菊茎、叶均匀喷洒药液，可达到98%的防治效果。定向喷雾法：对于被薇甘菊攀缘的灌木和乔木，则采用定向喷雾法，在攀缘树干离地面50 cm以上，均匀喷洒药液。根施法：对于部分喷不到的、高处的薇甘菊，找地下的薇甘菊的茎和根部所在地，向其茎和根部均匀喷洒药液。③用真菌防治。香港大学有人找到了几种使薇甘菊产生枯萎的真菌，效果虽不十分明显，但这种方法的前景是可观的，为防治薇甘菊提供了一种新的方法和途径。④引进薇甘菊的天敌。据报道，在美洲有一种臭虫和螨虫能啮食薇甘菊。但这种方法是否会带来新的生态危机，应慎重考虑。⑤开展对薇甘菊利用价值的研究。在澳洲，有许多医生用薇甘菊治病，我们能否组织力量来研究这种有害植物的药用价值或其他方面的用途，达到化害为利的目的呢？

（3）空心莲子草

①用原产南美的专食性天敌昆虫莲草直胸跳甲防治水生型植株效果较好，但对陆生型植株的效果不佳。②机械、人工防除适用于密度较小或新入侵的种群。③用草甘膦、农达、水花生净等除草剂做化学防除，短期内对地上部分有效。

2. 防护建议

大多数外来物种是依赖人为干扰来传播的，为减少外来入侵物种的威胁，建议解决方案如下：

（1）在物种抵达时及尚未广泛逸为野生前，尽快鉴定及评估其入侵性和对本地生态及原生物种的影响，并对恶性入侵种尽快消除，以免广泛蔓延。

（2）采取人工防治、机械或物理防除、替代控制、化学防除、生物防治、综合治理等方法，加以消灭。

（3）加强出入境检疫工作，制定外来入侵物种管理方面的法律法规，加强对海洋有害物种引进的管理，尤其是严格防范通过压舱水携带的海洋外来物种入侵的巨大威胁。

（4）加强对外来入侵物种的生物学特性、入侵生态学、控制措施等方面的研究，建立入侵物种数据库。

（5）建立生物入侵的预警和应急机制，把外来入侵物种纳入国家生物多样性政策、战略和行动计划，着力提高公众的生物多样性保护意识，制定经济奖惩措施以及其他政策手段。

（6）注意宣传、教育，尤其要注意媒体的报道。目前，外来植物所带来的影响将涉及广大农民，目前中国农民对什么是外来植物、它可能带来的潜在风险等都了解得极少，我们要高度重视外来生物的宣传教育工作。

四、收获与体会

1. 通过此次调查研究、实地考察、网上搜索，我们学习到了入侵植物的有关知识，懂得了科学研究需要顽强的意志和良好的团队精神。在调查活动中，我们在炎热的天气下，顶着炎炎烈日，仍能坚持下去，毫无中途退出的念头，这对我们的意志起到磨炼作用，培养了我们的科学探究精神。

2. 在调查活动中，我们了解到入侵植物会影响农民的种植，直接危害农林业经济发展，影响生态系统。但由于国家采取的措施不完善、广大农民对其可能带来的潜在风险等一系列问题了解极少等原因，入侵植物的问题未被重视。国家应加强政策手段，着力提高公众的生物多样性保护意识，这样才能使生态环境更优美怡人、稳定统一。

📚 参考文献

［1］李振宇，解炎.中国外来入侵种［M］.北京：中国林业出版社，2002.

［2］安鑫龙，李婷.凤眼莲的生态特征［J］.水生态学杂志，2007，27
（4）：82-84.

案例2　同沙生态保护区入侵植物薇甘菊生态位特征研究

一、研究背景

同沙生态保护区位于东莞市东城区南部107国道旁，规划占地面积为4000公顷，规划建设内容包括湿地公园、青少年活动中心、珍贵植物保护区、度假村、植物园水上游览区、露营区等。同沙生态公园内，山林3000公顷，湖水面积1000公顷。它和黄旗山城市公园共同成为东莞大城市中心区的"绿肺"。然而，近年来，珠三角地区外来物种薇甘菊入侵严重，同沙生态公园内也出现了薇甘菊大量繁殖的现象。本文研究了薇甘菊的生态位特征，以期探讨薇甘菊在生态保护区内的分布情况和对其他物种的破坏程度，为合理管理生态保护区提供了科学依据。

二、研究过程和方法

1. 调查方法

调查采用样方法，选取4种不同地域特征以及不同群落组成类型作为资源位，在不同的资源位上设面积为9 m×9 m的样地，每个样地划分为9个3 m×3 m的样方。逐种调查，乔木层记录种名、胸径、高度、冠幅、长势等，灌木层记录种名、株数、高度、盖度。同时测定每块样地坡向、坡度、土壤条件等生态因子。将调查的每块样地的薇甘菊物种的密度、盖度及出现的频度换算成相对值，并用Levins生态位宽度计算出划分区域的大致B_i值。

2. 生态位测度方法

（1）Levins生态位宽度：

$$B_i = -\sum_{j=1}^{r} P_{ij} \log P_{ij}$$

式中，B_i是种i的生态位宽度，P_{ij}是种i对第j个资源的利用占它对全部资源利用的频度，即

$$P_{ij} = \frac{n_{ij}}{N_i}$$

$$N_i = \sum_{j=1}^{r} n_{ij}$$

式中，n_{ij} 是种 i 在资源 j 上的优势度（本文即样方中物种的重要值），r 是资源等级数。上述方程具有值域 $[0, \log r]$。

（2）不同资源位中薇甘菊的分布情况。

（3）不同资源位中薇甘菊的大致 B_i 值。（见表1）

表1　不同资源分布情况表

编号	资源位名称	B_i 值
1	1～3 m高的灌木丛	0.9278
2	杂草丛	0.5725
3	5 m以上的乔木林	0.0116
4	路边	0.0031
5	人工绿化地或种植林	0

3. 研究结论

（1）应用Levins公式测度薇甘菊在同沙生态保护区的生态位宽度，结果显示，在1～3 m高的灌木丛中，B_i 值最大，达到了0.9278。薇甘菊在这个资源位中对资源的利用能力最强。数值也和现场其他调查数值相符，薇甘菊在灌木丛中几乎表现出了覆盖之势，这些灌木丛主要是指由荔枝、龙眼和杨桃树构成的低矮树丛。由于形成保护区后无人管理，入侵植物薇甘菊得到了快速的发展，占据了原有的生态位，给这些原生地的灌木丛造成了严重破坏。此外，在薇甘菊的覆盖之下，几乎鲜有其他植物物种还能较好繁殖，可以说这个生态位的薇甘菊已经对低矮灌木丛中生物的多样性形成了毁灭性的打击。

（2）同沙生态保护区内，薇甘菊在杂草丛中的 B_i 值也比较高，占据了较高的生态位，说明薇甘菊在这个资源位中对资源的利用能力也很强。从该资源位中物种的生存状况来看，与薇甘菊竞争生态位的主要是马缨丹、狗尾草、假高粱等繁殖力和破坏力都比较强的植物，其他植物物种也不多见，说明了该环境中的植被也遭到了比较严重的破坏。

（3）薇甘菊在竹林、5 m以上的乔木林、人工绿化带（林）和路边的分布很少，其 B_i 值极低甚至可以忽略不计。说明薇甘菊在与较大高度物种的竞争中没有优势，这可能与其自身攀缘特点和维管束中营养成分的运输途径有关。薇甘菊在乔木林下的灌木丛中也比较鲜见，可能是薇甘菊对生态因子光的需求较高，阴暗环境制约了它的生存和繁殖。在人们经常到达的区域，管理人员加强了杂草杂木的治理，因而几乎看不见薇甘菊的存在，薇甘菊无法利用该区域的资源。

4. 研究建议

根据调查和研究，我们认为薇甘菊已经在同沙生态保护区内强势地繁殖起来了，薇甘菊对灌木丛有毁灭性的破坏。我们建议有关部门对核心区域（人烟稀少区域）进行充分的调研，并采取有力的治理措施。否则生态公园内植物物种的多样性将逐渐单一化，并对原有的生态系统构成极大的威胁。

5. 活动感想

通过此次活动的开展，我们感觉到做生物课题的趣味性和成就感。通过观察，我们大致可以了解到某一物种的生存情况，通过生态学上的一些公式（如Levins公式），可以把这些感官化作具体的数值（B_i值），这很奇妙！由于受专业知识限制，这些公式是由指导教师推荐和讲解的，数据是整理后查阅有关书籍后得出的，但是这些因素不会影响我们的兴致，反而更加激发了我们探究生命科学的兴趣。

参考文献

[1] 胡正华，于明坚，丁炳扬，等.古田山国家级自然保护区黄山松群落特征及物种多样性研究 [J].生态环境，2003，12（4）：436-439.

[2] 苏志尧，吴大荣，陈北光.粤北天然林优势种群生态位研究 [J].应用生态学报，2003，14（1）：25-29.

案例3　探究东莞酸雨对几种种子萌发的影响

一、提出问题

酸雨对植物种子的萌发是否有影响？如有影响，是正面影响，还是负面影响？

二、确定假设

酸雨对植物种子萌发有极大的负面影响，因为较强的酸雨对细胞有毒害作用。

三、确定实验计划及方案

1. 分组并制定实验方案

（1）在高一（10）班抽取学生组成课外科技活动小组。

（2）每个小组成员通过查找资料，制定实验方案。

（3）召开课外科技活动，小组讨论实验方案，组长宣读本组的实验方案，并说明制定本实验方案的理由，同时其他成员也可以提出自己的疑问。

（4）完善实验方案，共同制定出最佳的实验方案。

（5）实验展开地点：生物探究实验室。

2. 实验材料和仪器

硝酸、浓硫酸、玻璃皿若干、大烧杯若干、滴管若干、吸水纸、饱满的种子（如玉米、绿豆、小麦、黄豆等）若干、标签20枚、1000 mL细口瓶若干、恒温培养箱。

3. 实验方案

（1）在实验的前1天，由指导教师和小组成员共同配制好模拟酸雨液（模拟酸雨液主要有三种，A液为pH=2～2.5的硫酸溶液，B液为pH=3.5～4的硫酸溶液，C液为pH=5～5.5的硫酸溶液，另外，D液为蒸馏水）。

（2）各成员根据共同制定的方案，分别完成实验过程，取4组培养皿，分别编为1号、2号、3号和4号（图中从左到右编号），并在培养皿底部平铺一层吸水纸，各放入等量的（绿豆、玉米、黄豆、小麦）种子30粒。对照组和实验组的材料分别用蒸馏水和模拟酸雨液浸泡24 h。如图1至图4所示。

图1　浸泡绿豆种子，从左到右分　　　　图2　浸泡小麦种子，从左到右
　　别是蒸馏水，pH=5～5.5，　　　　　　分别是蒸馏水，pH=5～5.5，
　　pH=3.5～4，pH=2～2.5　　　　　　　pH=3.5～4，pH=2～2.5

图3 浸泡玉米种子,从左到右
分别是蒸馏水,pH=5~5.5,
pH=3.5~4,pH=2~2.5

图4 浸泡黄豆种子,从左到右
分别是蒸馏水,pH=5~5.5,
pH=3.5~4,pH=2~2.5

(3)1号培养皿中滴入30滴蒸馏水;2号培养皿中滴入30滴C模拟酸雨液,
3号培养皿中滴入30滴B模拟酸雨液,4号培养皿中滴入30滴A模拟酸雨液,放置
于恒温培养箱内,并记录当天温室内的温度,如图5所示。

图5 恒温培养中

(4)一段时间后,各小组成员来实验室观察并记录种子萌发的情况。

四、观察和记录实验结果

实验结果如图6所示,室温25℃三次重复实验的平均值见表1。

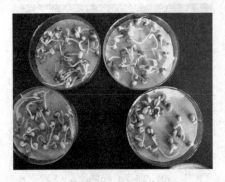 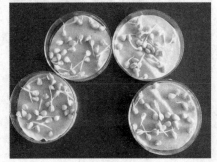

图6　记录实验结果

表1　室温25℃三次重复实验的平均值

种子	对照组	实验组1	实验组2	实验组3
	蒸馏水	pH=5~5.5	pH=3.5~4	pH=2~2.5
绿豆	100%	100%	96.7%	23.3%
玉米	70%	60%	50%	43.3%
小麦	100%	56.7%	16.6%	10%
黄豆	90%	83.3%	70%	50%

五、实验结果分析

由上述图表可得，模拟酸雨对黄豆和玉米的影响比较小，原因可能是玉米的种子有较厚或较坚韧的果皮保护，黄豆的种子有两片大的子叶保护，酸雨对其细胞活性的影响不大。而小麦的对照组和实验组的萌发率有明显的差距，对照组萌发率为100%，而实验组3的萌发率低至10%，说明模拟酸雨对小麦种子的萌发有较大的负面影响。绿豆的实验组2和实验组3有较大的差距，实验组2萌发率高达96.7%，而实验组3的发芽率低至23.3%，说明在pH小于2.5的环境下，绿豆的萌发受到了极大的负面影响。

根据分析和图表可得，酸雨对不同种子有不同程度的负面影响，其中pH=2~2.5的溶液对绿豆和小麦的影响最为明显。说明酸雨的pH越小，种子的萌发率越低。

六、讨　论

现在东莞的酸雨pH越来越低，这对种子的萌发会有越来越大的负面影响，因此，东莞正在为减少二氧化硫的排放不断地实施新政策，"禁摩"就是其中的一种，可以减少二氧化硫和氮氧化物的排放。东莞还新增了城巴服务，这样不仅方便了人们，还可以减少汽车的使用，希望人们可以多乘城巴，减少使用汽车，从而减少汽车尾气的排放。

工厂应尽量减少二氧化硫的排放量，排放气体尽量达到国家排放标准才排放。可以采用烟气脱硫技术，用石灰浆或石灰石在烟气吸收塔内脱硫。推荐多使用太阳能，减少空气污染。

东莞也在积极实施绿化，希望多种植可以吸收二氧化硫的绿色植物，如悬铃木、垂柳、银杏、柳杉等都有较强的吸收二氧化硫的能力。一亩柳杉林一年内约能吸取48千克的二氧化硫。100亩紫花苜蓿一年内也可使空气中的二氧化硫减少154千克以上。这样不仅达到绿化城市的目的，而且可以吸收空气中的二氧化硫，减少对农作物种子的负面影响，使东莞既成为工业发达的城市，也成为环境优美的宜居城市。

第五章　创新开发实验微课程

　　利用假期让学生在家中开展一些有趣的生物实验活动，让学生和家长从旁观到参与，从模仿到创新，让学生体验"学以致用""在用中学"的生物学魅力。将高中教材选修1中"传统发酵技术的应用"内容延伸。2016年暑期，我们开设了家庭厨房实验室的微课程，旨在使学生在项目中学会观察、实验、探究生命现象的各种方法，提升学生科学探究能力和实验创新的能力。本课程的设计主题是运用微生物发酵技术制作食品，教师确定实践项目内容，筛选实验材料，进行预实验，评估实验的科学性和可操作性，收集实验过程的照片、视频、实物、参考资料等，通过信息化教学手段，指导学生假期在家中完成实践活动，并将成果通过网络进行发布、分享。

厨房里的发酵实验

一、活动背景

　　高中生物学是一门实践性很强的学科，将高中教材选修1中"传统发酵技术的应用"延伸到课堂外，让学生在家里完成基于生物学的STEAM项目：发酵原理—发酵技术—发酵装置—成品造型—产品测试，让学生在项目中学会观察、实验、探究生命现象的各种方法，提升学生科学思维和科学探究的能力。

二、活动目标

1. 生命观念

　　学生理解微生物的多样性和统一性，说明发酵过程中的物质代谢和能量代谢，并用于指导实践中的具体问题。

2. 科学思维

　　学生基于实践活动归纳发酵技术的原理和方法，运用批判性思维评价传统发酵食品的健康和卫生问题，运用创造性思维对发酵方法和产品进行改进。

3. 科学探究

学生针对发酵现象进行观察和提问，基于课外实验的条件设计并实施探究方案，运用多种方式记录和分析实验结果，在团队学习中主动合作。

4. 社会责任

关注现代化发酵技术的发展，就食品安全问题表明观点并展开讨论。

三、活动对象

高一、高二年级学生。

四、课程特色

1. 实现探究性学习的课内外结合：利用"互联网+"的教育技术，减少探究活动对实验耗材和场地条件的依赖，提供机会让学生亲自参与和实践。

2. 重视家庭生物实验的可操作性：确定适宜的项目，选择日常生活中易获取的装置和材料，低成本，操作简捷。

3. 注重提高学生课外实验的成功率：教师课前进行重复实验论证，原创清晰优质的图文介绍，并提供全程在线指导。

4. 培养学生探究学习的能力和品质：鼓励学生动手实践、自我反思总结、重复实验改进，重视学习报告的完成和交流。

5. 课程内容富有知识性、趣味性、科学性。

五、活动过程

1. 准备阶段

（1）课程计划。教师撰写课程计划，确定实践项目内容，筛选实验材料，进行预实验，评估实验的科学性和可操作性，收集实验过程的照片、视频、实物、参考资料等。

本校本课程的设计主题是运用微生物发酵技术制作食品，指导学生假期在家中完成实践活动。

（2）组建学习团队。教师在校内发布课程介绍，学生自主选课，通过网络平台组建团队。

（3）学习平台。以"大学生Mooc"慕课网站为学习平台，教师和选课学生分别完成注册和登录，课程学习过程中通过网站的讨论区进行交流。

2. 实施阶段

（1）制作微课。教师针对每个实验项目制作一个独立的微课，以视频形式上传到慕课学习网站。每节微课围绕实验内容呈现以下环节：实验原理、材料、装置、步骤、注意事项、知识拓展。

（2）实验前交流。学生通过网站学习微课，确定实践项目，准备实验材料和工具，可针对课程内容提出问题。

（3）实验操作。学生在校外完成实验，拍摄实验过程照片，记录实验结果。

（4）实验后交流。学生完成实验操作后，交流实践过程中的问题，分享经验；可进行重复实验，改进实验效果。

（5）撰写学习报告。教师通过"学习指南"阐述学习报告的明确要求，包括学习报告的内容，鼓励多样化、个性化风格，形式不限（Word、视频、Flash、手抄报、手绘拼贴等）。

校本课程学习报告内容表

项目	要求
课题名称	自由命名
作者班级、姓名	可附作者个性化简介
操作步骤	按操作顺序编辑，关键步骤可插入照片，图文结合；提倡通过文字描述、数字表格、示意图等方式呈现实验过程和结果
作品展示	展示实验成果的实物照片，其中有作者与作品的合照，或者是作者与家人、朋友一起分享作品的照片
小结心得	总结在操作中成功或者失败的经验、操作的注意事项、参与实践过程的心得感想等
其他内容	可自行补充，如实验装置和材料的创新、实验方法的改良、发酵食品的创意做法和吃法

3. 交流展示

（1）实物作品展示。本校本课程活动由学生在暑假时进行，开学后第一周内举行交流会，学生可携带部分便于储存的发酵成品进行展示或者互相品尝，并交流实践过程中的心得体会。

（2）学习报告展示。学生通过在线方式提交学习报告，教师收集后以专题宣传栏形式在校园内展出。

（3）课程评价。采用多元化评价方式，将过程性评价和作业评价相结合。

①过程性评价关注学生在课程学习中的师生互动、自主学习、同伴合作中的行为表现，以网络平台统计每位学生参与的活跃度数据作为评价途径（包括

微课学习情况、讨论区发帖数据、回帖数据等），结合学生的发言质量、参与活跃度、思考过程等表现综合打分。本项评价占总分的60%。

② 作业评价由教师根据每位学生的学习报告打分，评价标准包括学习报告的内容完整性和艺术性、实践过程的探究和思考程度、发酵食品制作的效果等几个维度。本项评价占总分的40%。

实验1 "你好，乳酸菌！"——酸奶的制作

一、实验目的

1. 了解酸奶制作过程的科学原理。
2. 设计并完成酸奶的制作。
3. 了解酸奶的营养价值。

二、实验原理

乳酸菌多为杆状，属于原核生物，进行无氧呼吸。它是一种广泛存在于人体肠道中的益生菌。

酸奶是牛奶经过乳酸菌发酵而成的，乳酸菌将蛋白质、糖类、脂质等分解产生乳酸等，该过程适合在42～45 ℃的无氧环境中进行。

三、实验材料及用具

经过灭菌处理的纯牛奶、乳酸菌粉、冰糖或白砂糖、酸奶机。

讨论1：没有乳酸菌粉，如何获取乳酸菌种？

替代方案：可购买含活菌的原味酸奶提供菌种。

讨论2：没有酸奶机，如何创设适宜的温度环境？

替代方案：可用家中具有40 ℃左右保温功能的小电器（如隔水电炖盅、面包机）来创设适宜的温度环境，也可利用蒸锅、热水、泡沫箱等自制简易发酵装置，模拟较为接近的环境温度。

四、实验步骤

1. 将发酵容器（材质以陶瓷、不锈钢、玻璃等为宜）彻底高温消毒。

2. 将乳酸菌粉（1 g）和灭菌纯牛奶（600～1000 mL）混合，搅拌均匀。可按喜好加入适量冰糖或白砂糖，也可不加。（若没有乳酸菌粉，可将市售原味酸奶和纯牛奶以5∶1的比例混合）

3. 将发酵容器放入酸奶机，保温发酵8 h左右。

视频欣赏：酸奶制作过程微课视频。

五、实验结论

1. 成功制作酸奶的关键是防止杂菌污染，操作过程中如何有效消毒，降低污染概率？

2. 与纯牛奶相比，酸奶具备哪些特有的营养价值？

3. 查一查：食用酸奶的时间、方式等有什么注意事项？

4. 试一试：酸奶有哪些花样吃法？

实验2 "干杯，酵母菌！"——酒酿的制作

一、实验目的

1. 了解酒酿制作过程的科学原理。

2. 设计并完成酒酿的制作。

二、实验原理

酒酿的制作原理是根霉菌和酵母菌的共同作用，根霉菌能产生糖化酶，将糯米中的淀粉转化为葡萄糖，然后酵母菌把葡萄糖转化为酒精，于是酒酿就变得又甜又香醇了。这两种转化作用是互相抑制且有先后顺序的，也就是先糖化再酒化。所以酒酿的变化过程是先变得越来越甜，达到顶峰后甜味变淡，酒味变浓。

综合糖化和酒化的过程来看，30 ℃是适宜的环境温度。

查阅资料：在我国不同地区，酒酿有哪些不同叫法？

三、实验材料及用具

糯米、甜酒曲（如安琪甜酒曲，可在超市购买）、发酵容器（带盖、可高温消毒）。

四、实验步骤

1. 称取1000 g糯米，洗净，用清水浸泡12 h。

2. 将糯米沥干，上蒸锅，用中火蒸30～50 min，至蒸熟。

3. 称取甜酒曲4 g，用适量凉开水化开。

4. 待糯米温度降至30 ℃左右，将甜酒曲倒入糯米中混合均匀，加入适量凉开水，并在糯米中央挖一个洞。

查阅资料：在糯米中央挖一个洞对发酵过程有什么作用？

5. 将发酵容器密封，放置在30 ℃左右室温环境下，约36～48 h后，小洞内存满酒酿，发酵完成。未食用的部分移至冰箱4 ℃保存。

视频欣赏：电影《小森林·夏秋》制作酒酿片段。

五、实验结论

1. 酒酿制作成功的关键：制作酒酿的容器、勺子都要经过高温消毒，确保无油、无生水。手要洗干净或者戴手套操作。制作过程开盖查看以及品尝时，每次都要注意防止污染发霉。煮熟后的糯米要降温至30 ℃方可加入甜酒曲，否则高温会将菌种烫死。

2. 试一试：酒酿能与哪些食材、调料搭配，做出花样的吃法？

实验3 "干杯，酵母菌！"——酿制葡萄酒

一、实验目的

1. 学习果酒的制作方法。

2. 体会生物学发酵技术在生产实践中的应用。

二、实验原理

酵母菌是一种真菌，有成形的细胞核，是兼性厌氧菌。在氧气充足的条件下，酵母菌进行有氧呼吸，大量繁殖；在无氧条件下，酵母菌进行无氧呼吸，分解葡萄糖等有机物，产生酒精。温度是酵母菌生长和发酵的重要条件。20 ℃左右最适合酵母菌繁殖，酒精发酵时一般将温度控制在18～25 ℃。

三、实验材料及用具

新鲜葡萄（建议选择夏季上市的紫色巨峰葡萄，成本较低，酿制效果较好）、冰糖发酵容器（可选择专用的果酒酿造装置，带有出气口、排料口等，若没有果酒酿造装置，可用带盖子的玻璃容器代替，作为简易装置）、过滤工具（纱布、网筛）。

四、实验步骤

1. 将葡萄连枝梗一起剪下来（葡萄皮有破损的不可用于酿酒）。

2. 将葡萄浸泡、冲洗干净，完全晾干（不可过度揉搓葡萄，不可洗去葡萄皮上的白霜）。

3. 玻璃容器消毒，实验者手要洗净（可用酒精擦拭手和瓶口），用手将葡萄逐个去蒂、捏破，放入瓶中。

4. 放好一层葡萄，撒上一层冰糖，重复几次（葡萄和冰糖的质量比例为5∶1，冰糖亦可略去不放）。

5. 葡萄装入容器后，盖上盖子（要留出约1/3的空间，不可装满）。

6. 发酵过程中，每隔12 h左右将瓶盖拧松一次（不能打开瓶盖），以放出CO_2，再拧紧瓶盖。

观察：发酵过程中，你看到什么现象？听到什么声音？何以表明酵母菌正在进行生命活动？

7. 发酵后期不再产生明显气泡，可以停止排气。发酵10～20 d时间（发酵时间长短与实验时的环境温度有关）。

8. 使用消毒后的纱布等过滤工具，滤去果肉果皮和葡萄籽，将滤液收集在瓶中，继续密封静置发酵。约10～20 d后取出上层澄清液，去除下层杂质。可重复静置、过滤几次，使葡萄酒愈加澄清。

五、实验结论

1. 想一想：酿酒过程所需要的酵母菌来源于哪里？葡萄酒的深红色来源于哪里？

2. 酿制过程中的所有容器、工具以及实验者的手均要注意消毒，防止杂菌污染。

查阅资料：家庭酿造的葡萄酒与专业酒厂生产的葡萄酒，在成分方面有哪些区别？家庭酿酒要控制好甲醇含量，达到卫生、安全、健康的目的，需要注意哪些操作规则？

实验4 "膨胀吧，酵母菌！"——（入门篇）
红糖发糕

一、实验目的

1. 掌握发酵类面食制作的原理。
2. 体验发糕的制作过程。

二、实验原理

酵母菌是人类文明史中被应用得最早的微生物，是兼性厌氧菌，可用于酿造生产。酵母菌通过细胞呼吸分解了面粉中的糖类等有机物，产生二氧化碳，气体被面筋包裹形成均匀细小的气孔，使面团膨胀。酵母菌的发酵不仅改变了面团结构，让它们变得更松软好吃，并且分解了植酸，大大增加了蛋白质和必需氨基酸的含量。

三、实验材料及用具

面粉150 g、红糖30 g、水150 g、酵母1.5 g（可在超市购买真空包装的高活性干酵母）、核桃或红枣等适量、耐高温容器、蒸锅。

四、实验步骤

1. 将红糖放入水中，加热使红糖融化，冷却至室温。

2. 称量好面粉、酵母，倒入冷却后的红糖水，搅拌均匀。

3. 将面糊倒入陶瓷、玻璃等材质的容器中（在容器内部涂抹少量食用油，方便蒸熟后脱模），也可以将面糊装入裱花袋或者食品保鲜袋，分装到纸杯蛋糕的小模具中。面糊只能装到容器的7分满左右。

4. 在发糕表面撒上碎核桃或者红枣，发酵到面糊明显膨胀（发酵时间与温度相关，室温越低，发酵所需时间越长，如夏季在室温下大致需发酵20 min）。

5. 将容器放入蒸锅，冷水上锅，中火蒸25 min（容器越大，蒸的时间越长）。

五、实验结论

1. 查一查：经过发酵的面食，与发酵前相比，营养成分发生了哪些改变？为什么吃发酵食品更健康？

2. 试一试：发糕的制作过程，不需要揉面，把握好食材分量、发酵与蒸制的温度与时间便能成功。初试成功后，可以自己调整食材和制作方法，做出更多美味精致的花样发糕，与你的亲友分享！

实验5 "膨胀吧，酵母菌！"——（进阶篇）馒头成形记

一、实验目的

1. 掌握发酵类面食制作的原理。
2. 尝试馒头的制作。

二、实验原理

酵母菌是人类文明史中被应用得最早的微生物，是兼性厌氧菌，可用于酿造生产。酵母菌通过细胞呼吸分解了面粉中的糖类等有机物，产生二氧化碳，气体被面筋包裹形成均匀细小的气孔，使面团膨胀。酵母菌的发酵不仅改变了

面团结构，让它们变得更松软好吃，并且分解了植酸，大大增加了蛋白质和必需氨基酸的含量。

三、实验材料及用具

面粉250 g、白砂糖30 g、水120 g（或牛奶150 g）、酵母3 g（可在超市购买真空包装的高活性干酵母）、擀面杖、蒸锅、揉面垫或案板、油纸。

四、实验步骤

1. 活化酵母：称取酵母并将其溶解于少量温水中（这里用的水量包含在配方内）。

观察：哪些现象可以说明原本处于休眠状态的酵母菌已经活化了？

2. 揉面：将活化后的酵母菌、面粉、白糖、水等所有材料混合，静置5~10 min后，在案板上揉成一个比较光滑的面团。

小窍门：用手掌根部发力来揉面更轻松。

3. 初次发酵：将面团放入容器，盖上湿毛巾，发酵至开始的2倍大。

小窍门：在面团中间用手指戳个洞，不回弹、不塌陷，代表初次发酵完成。

4. 排气：取出面团，放在撒了面粉的案板上，揉出面团中的气泡。馒头成品是光滑的还是坑坑洼洼的，主要取决于排气的效果。

小窍门：切开面团截面，基本看不到明显气孔，代表排气完全。

5. 整形：圆形馒头的整形方法——把面团切成小剂子，将其逐个揉成圆锥形；方形馒头的整形方法——把面团揉成长条状，用刀切成小方块。

6. 二次发酵：将整形后的馒头坯放入蒸笼静置20 min左右至馒头坯长大一圈（室温较低的情况下需延长二次发酵时间）。

小窍门：馒头下面可以垫烹饪用油纸，或者在不锈钢材质的蒸屉上抹一层油，起到防粘的效果。

7. 蒸熟：冷水上锅，开中火，蒸25 min左右。馒头越大，蒸的时间越长。

五、实验结论

1. 馒头的制作过程对技术、经验有一定的要求，在动手尝试之前，你可以向家里有经验的人请教，也可以邀请你的家人一起参与制作。

2. 教程中介绍的是馒头"二次发酵"的经典操作流程，作为新手，或在时间不够充足的情况下，你可以从"一次发酵"开始做起。

简化流程：活化酵母→揉面→整形→发酵→蒸熟。

3. 初次实验成功后的学生，可以灵活调整食材和配方，加入适量紫薯粉、红糖、南瓜泥、巧克力粉等制作多种口味的馒头，也可以搜索其他整形方法，挑战双色馒头卷、刺猬包、蘑菇包、三角包、花卷等花样造型。

4. 查一查：在超市购买成品冷冻馒头时，请你阅读一下配料表，除了本实验中使用的面粉、水、酵母、糖等材料外，还使用了其他哪些配料？上网搜索了解一下，这些名称陌生、种类繁杂的配料，其作用是什么？

实验6 "膨胀吧，酵母菌！"——（提高篇）关于面包你需要知道的事

一、实验目的

1. 掌握发酵类面食制作的原理。
2. 学会分析面包的配料表，分辨出哪些添加剂是不必要的或对健康不利的。

二、实验原理

酵母菌是人类文明史中被应用得最早的微生物，是兼性厌氧菌，可用于酿造生产。酵母菌通过细胞呼吸分解了面粉中的糖类等有机物，产生二氧化碳，气体被面筋包裹形成均匀细小的气孔，使面团膨胀。酵母菌的发酵不仅改变了面团结构，让它们变得更松软好吃，并且分解了植酸，大大增加了蛋白质和必需氨基酸的含量。

三、实验材料及用具

高筋面粉300 g、白砂糖30 g、盐4 g、鸡蛋1个、水140 g、酵母3 g、动物黄油26 g、面包机、厨房电子秤。

四、实验步骤

面包的制作流程：揉面→发酵→排气→整形→二次发酵→烤熟。

说明：面包的制作流程和原理与馒头相似，但是揉面过程需要揉出筋膜，常用的有效手法是甩、搓、敲等，与馒头的揉面方法差异很大，对于新手来说难度过大。因此本实验只建议家里有全自动面包机的学生动手操作体验一下。没有面包机

的学生，本实验只要求了解制作原理，重点完成下一部分的资料查询作业即可。

小窍门：使用面包机时掌握好加入各种材料的顺序，做出的面包成功率高。加料时参考以下顺序：液体（水、鸡蛋）→面粉→盐、糖→酵母（加入酵母和盐、糖时要放在面包机里的不同角落，酵母直接接触盐和糖会失活）→启动面包机程序后，揉成成形面团→最后加入黄油（黄油切成小块）。

五、实验结论

1. 查一查：除了本实验中用到的几种材料外，我们购买的成品面包中常用的添加剂有哪些类型？

提示：面包添加剂中的酶制剂、乳化剂、强筋剂分别有哪些成分？起什么作用？商家使用的黄油是植物黄油还是动物黄油？它们的区别是什么？哪种对健康会造成危害？

2. 试一试：面包机除了制作面包外，还可以用于制作酸奶、酒酿、冰激凌、肉松、果酱等，查询你感兴趣的配方，多多尝试一下吧！

实验7 "你好，乳酸菌！"——泡菜的制作

一、实验目的

1. 尝试制作泡菜。
2. 尝试用比色法测定泡菜中亚硝酸盐的含量。
3. 讨论有关泡菜的安全问题。

二、实验原理

泡菜的制作离不开乳酸菌。乳酸菌是异养厌氧型细菌，在无氧情况下，将葡萄糖分解为乳酸。泡菜制作过程中若细菌大量繁殖，亚硝酸盐含量会增加。膳食中的亚硝酸盐大部分会随尿液排出，只有在特定的条件下才会转变成致癌物——亚硝胺。

三、实验材料及用具

各种蔬菜（如白菜、卷心菜、黄瓜、胡萝卜、白萝卜等）、调味品（盐、

糖）、香辛料（如花椒、泡椒、八角、蒜头等）、泡菜坛。

四、实验步骤

1. 将各种蔬菜洗净并切成条状或片状，在通风阴凉处晾干。

2. 将泡菜坛洗净，并用沸水消毒。

观察：泡菜坛的坛盖呈什么形状？在坛盖边沿留有水槽，其作用是什么？

3. 按照清水与盐的质量比为4∶1的比例配制盐水，将盐水煮沸冷却。

4. 将经过预处理的蔬菜装入泡菜坛内，放入各种香辛料，再注入配制好的盐水，使盐水没过全部菜料。

5. 盖好坛盖，在坛盖边沿的水槽中注满水。在发酵过程中要注意补充水槽中的水。

观察：随着发酵腌制时间的延长，泡菜坛中溶液的澄清度、气味、溶液量会发生什么变化？蔬菜的形状、颜色、口感、味道有什么变化？

6. 泡菜腌制的天数与蔬菜类型密切相关，可以在发酵过程中品尝效果，自己灵活控制发酵时间。喜欢软、酸口感可适当延长腌制时间，喜欢脆、硬口感可相应缩短腌制时间。

五、实验结论

1. 查资料：检测泡菜中亚硝酸盐的含量，所应用的化学试剂和反应原理是什么？如何通过实验结果判断亚硝酸盐含量的高低？

2. 泡菜的品种、口味、制作方法众多，了解在我国的不同地区（如广东、四川、湖南、东北等）受欢迎的泡菜类型分别有哪些？可以在实践过程中选择你所感兴趣的制作方法和配方多做尝试，与家人分享。

校本活动剪影见图2-5-7-1至图2-5-7-6。

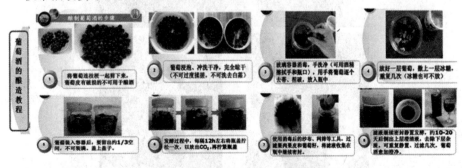

图2-5-7-1　网络微课内容（部分截图示例）

图2-5-7-2　学生实践过程

图2-5-7-3　学生与家人分享发酵食品

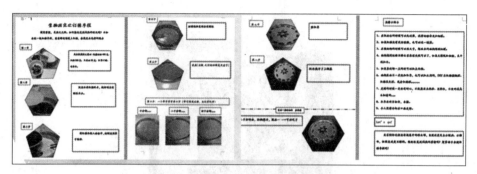

图2-5-7-4　学生实验报告

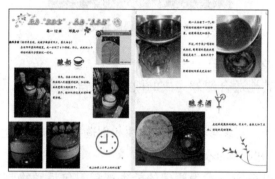

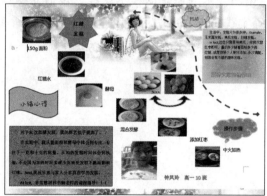

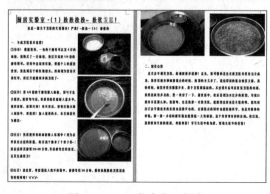

图2-5-7-5　学生学习报告

图2-5-7-6　校园展示交流会

家庭实验室的发展思路：

1. 继续增添其他适合课外完成的微生物发酵实验课程，如制作腐乳、果醋等。

2. 进一步发掘学生参与活动的主体性和创造性，如由学生提议、选择实验项目，由学生设计并制作部分微课内容。

3. 开发一个以拓印技术为原理的校本课程，包括动物脚印拓印、叶脉化石、植物彩色拓印等实践内容，使"生物家庭实验"成为一个系列课程。

4. 开展大型真菌的培养实验，如平菇的培养。

5. 开展无土栽培的一系列实验。

第六章 创新开展STEAM生物实验

STEAM教育起源于美国，即科学（Science）、技术（Technology）、工程（Engineering）、艺术（Art）和数学（Mathematics）的首写字母，STEAM教育方式能培养学生的学科思维和综合实践能力，因此，STEAM教学有利于培养学生独立思考、自由探索、勇于创新、解决问题的能力，受到世界各国的普遍关注。我们尝试将STEAM教育的先进理念和方法融入生物学教学，从源于课本或真实生活的生物视角出发，以项目式学习或实践活动为载体，引导学生创造性地开展STEAM特征的生物实验。

STEAM教育的问题来源于真实生活，运用跨学科知识来分析问题，以团队协作、探究式学习的方式，结合工程技术手段生产出符合现实需求的产品，并通过艺术手法展示研究成果。在此过程中，学生通过自主、合作、探究性学习既能强化多学科知识间的联系与应用、激发创新思维，又能提升团队意识，锻炼自主学习能力和语言表达能力。

现在国际上比较流行STEAM教育，即将问题聚焦为完成某项具有指定要求的作品，在完成作品过程中培养学生解决问题的能力。如何让学生在自己设计的作品中，具体落实和关注绿色、发展、环保的理念？如何开展和实施生物科技活动特征的STEAM项目？我们搭建了一个行动平台，探索总结了开展生物科技实验活动的STEAM项目的两种模式。

模式一的特点是：成果以研究结论呈现，主要体现理论价值。如项目中的"复方大蒜—夹竹桃提取液对吹棉蚧壳虫生物防治的研究""红托竹荪幼担子果菌蕾生物保鲜作用的研究""苏丹红诱发洋葱根尖细胞微核的效应""'我为地球擦拭碳足迹'环保科技活动"等按照实施模式一进行。

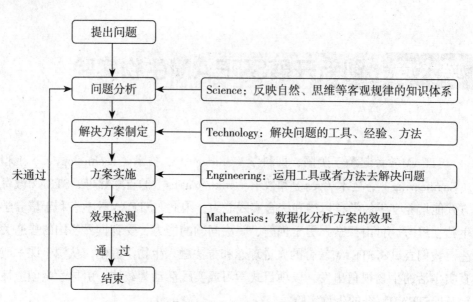

STEAM特征的生物实验项目实施模式一

模式二的特点是：成果以实物呈现，主要体现使用价值。如案例中的"'方便'帐篷——简易卫生间研究报告""'如'你'所'愿——应急卫生间研究报告""一种基于图像识别寻迹的新型故障标志小车""太阳能智能背包"等按照实施模式二进行。

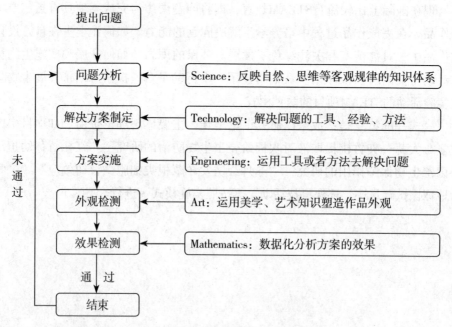

STEAM特征的生物实验项目实施模式二

实验1 "我为地球擦拭碳足迹"环保科技活动

碳足迹标示一个人或者团体的"碳耗用量"。"减碳先锋队"是通过一系列主题活动向大家宣传：什么是碳足迹？身边哪里分布有碳足迹？如何测算个人碳排放量的多少？如何做到节能减排，减少碳足迹？通过实践活动让低碳生活的理念深入人心，使其成为一种行为、一种习惯、一种时尚。先锋队通过两项富有创意的活动，即"低碳树叶宣传"和"立体绿化减碳"达到节能减排的效果。通过一年多的探索与实践，我们量化出周围的碳足迹在悄然减少。

一、活动背景

国际能源机构提供的数据表明，近年来，每年的CO_2排放量在逐年增加，联合国气候变化大会制定的减排温室气体目标遭受重挫，为实现全球气温升幅不超过两摄氏度的目标蒙上阴影。专家推估，只要地球平均气温上升1 ℃，部分野生动物就会濒临灭绝，物种被迫迁离驻地或者灭绝，地球平均气温上升2 ℃，有三成的动物、植物绝迹，各地干旱、饥荒、珊瑚白化，人类面临生存危机……一旦全球温度升高6 ℃，人类及大多数物种都将灭绝。因此，如何节能减排，减少二氧化碳排放量是全世界面临的一大难题。

鉴于气候变化危机的紧迫性和严重程度，国务院在哥本哈根气候大会开幕前夕提出，到2020年，中国将把碳强度削减40%～45%。目前，世界范围内还很少有国家像中国一样做出明确承诺并付诸行动的。

为深化环保意识、普及低碳理念，帮助更多的青少年意识到气候变化对他们的深远影响，为伤痕累累的地球母亲尽一份绵薄之力，我们决定在学校开展以"我为地球擦拭碳足迹"为主题的系列科普活动。

二、活动目的

1. 知识目标

（1）认识碳足迹、普及低碳知识。

（2）了解国内、国际组织在环境保护方面的动向。

2. 能力目标

（1）掌握碳排放测算方法，并向教师、学生及家长推广该方法。

（2）通过调查活动，锻炼学生收集信息、分析资料、提炼自我观点的能力。

（3）通过树叶再利用、自制低碳海报等实践活动，培养学生的动手能力、合作意识。

（4）面对低碳生活中遇到的问题能创造性地解决，形成创新设计方案并尝试实施与推广。

3. 情感态度及价值观

（1）通过参观、培训、网络交流，形成环境保护全球化的视野，成为低碳生活的倡导者和践行者。

（2）通过舞台展示、电视台录播等方式，学生的成果得到了充分的肯定，学生的自信心增强，自豪感得以升华，激发了学生进一步投入环保科技活动的决心和动力。

三、活动过程

活动过程见图2-6-1-1。

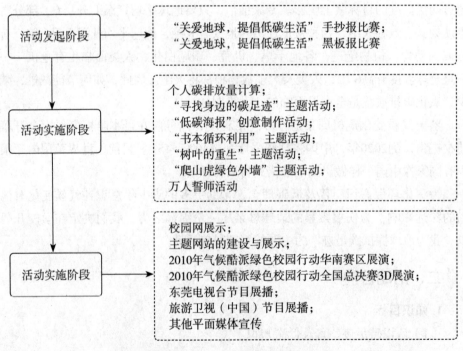

图2-6-1-1　活动过程图

1. 活动发起

2010年5月，在我们TVRC行动小队的倡议下，高一、高二年级开展了以“关爱地球，提倡低碳生活”为主题的漫画、手抄报、黑板报比赛，全校2000多名学生参与其中，使学生对低碳生活有了初步了解。

2. 个人碳排放计算

2010年6月，我们每周三在宿舍楼下面向教师和学生、每周六在学校门口面向家长推广个人碳排放量计算方法，大家惊讶地发现，原来自己在不知不觉中排放了那么多的二氧化碳，到处留下了碳足迹（以下碳排放计算器由英国大使馆文化教育处提供，见图2-6-1-2至图2-6-1-4）。从感性认知到量化认识，广大师生对低碳理念有了深入的理解。

Materia 物品	INPUT (kg) 量(千克)	Recycle 再循环 kg/CO2 per tonne generated 每吨产生的 千克/二氧化碳
Paper 纸	0.00	0
Card 卡	0.00	0
Kitchen/Food Waste 厨余		
Plastic (dense) 塑料（实体）	0.00	0
Plastic (Film)塑料（胶片）	0.00	0
Non-Ferrous Cans 非金属罐	0.00	0
Ferrous Cans 金属罐	0.00	0
Glass 玻璃	0.00	0
Other* 其他	0.00	0
Total 总量	0.00	0

Material 物品	INPUT (kg) 量(千克)	Incineration 焚化 kg/CO2 per tunne generated 每吨产生的 千克/二氧化碳
Paper 纸	0.00	0
Card 卡	0.00	0
Kitchen/Food Waste 厨余	0.00	0
Plastic (dense) 塑料（实体）	0.00	0
Plastic (Film)塑料（胶片）	0.00	0
Non-Ferrous Cans 非金属罐	0.00	0
Ferrous Cans 金属罐	0.00	0
Glass 玻璃	0.00	0
Other* 其他	0.00	0
Total 总量	0.00	0

Material 物品	INPUT (kg) 量(千克)	Compost 堆肥 kg/CO2 per tonne generated 每吨产生的 千克/二氧化碳
Paper 纸	0.00	0
Card 卡	0.00	0
Kitchen/Food Waste 厨余	0.00	0
Plastic (dense) 塑料（实体）		
Plastic (Film)塑料（胶片）		
Non-Ferrous Cans 非金属罐		
Ferrous Cans 金属罐		
Glass 玻璃		
Other* 其他		
Total 总量	0.00	0

Material 物品	INPUT (kg) 量(千克)	Landfill 填埋 kg/CO2 per tonne generated 每吨产生的 千克/二氧化碳
Paper 纸	0.00	0
Card 卡	0.00	0
Kitchen/Food Waste 厨余	0.00	0
Plastic (dense) 塑料（实体）	0.00	0
Plastic (Film)塑料（胶片）	0.00	0
Non-Ferrous Cans 非金属罐	0.00	0
Ferrous Cans 金属罐	0.00	0
Glass 玻璃	0.00	0
Other* 其他	0.00	0
Total 总量	0.00	0

*estimate of CO2 impact based on composition of C&I waste in UK　注：二氧化碳排放量是基于英国垃圾构成情况估算的

图2-6-1-2　碳排放计算器——垃圾与循环

TRAVEL 旅游	Mode of transport 交通工具	Distence traveled (km) 路程（km）	Total kg/CO_2e 总量 kg /二氧化碳
	CAR - Petrol 汽车-汽油	0	0
	CAR - Diesel 汽车-柴油	0	0
	CAR - Petrol hybrid 汽车-汽油混合物	0	0
	CAR - Fuel unknown 汽车-不明燃料	0	0
	MOTOR BIKE 电动自行车	0	0
	SCOOTER 滑板车	0	0
	BUS 公交车	0	0
	TRAIN 火车	0	0
		TOTAL 总量	0

Data Source 数据来源
Guidelines to Defra's GHG conversion factors for company reporting 食品和农村事务部对公司报告有关温室气体的转化率的指导方针
Annexes updated September 2009 附录更新到2009年9月

图2-6-1-3　碳排放计算器——交通

项目	2010.01~03	2010.04 ~06	2010.07 ~09	2010.10 ~12	2011.01 ~03	2011.04 ~06
个人平均碳排放量/kJ	16.72	14.88	9.72	7.28	7.16	7.38
班级平均碳排放量/kJ	869.44	773.76	505.44	378.56	372.32	383.76
学校平均碳排放量/kJ	52166.4	46425.6	30326.4	22713.6	22339.2	23025.6
备注	以上数据由碳排放计算器得来，放假时间以家庭平均值计算					
	*estimate of CO_2 impact based on composition of C&I waste in UK					
	注：二氧化碳排放量是基于英国垃圾构成情况估算的					

图2-6-1-4　碳排放量化图

3."低碳海报"的创意制作

2010年6～7月，小队成员想到了一个非常有创意的点子：用废旧的纸板做衬底，将修葺的植物叶片裁剪成文字，制作成海报。与传统海报相比，这种方式不消耗纸张、墨水、颜料，非常环保，学生们把它叫作"低碳海报"。通过"低碳海报"的宣传，学生们感觉到低碳生活既平常又有趣。

4."书本循环利用"主题活动

2010年9月，我们向学校领导建议向香港学校学习循环使用教科书和教辅书（特别是高三学生留下来的学习资料），学校高度重视了我们的建议，已经在做试点尝试，等到全面展开，全校每年可以节约书本费100万元（按每人三年买书共花1000元计）、保守节约用纸5万千克（按每人三年用书50千克计算），降低CO_2排放3万千克以上。

5."树叶的重生"主题活动

2010年9月，我们开展了"树叶的重生"主题活动。我们通过收集凋落和园林工人修葺的树叶，待树叶自然晾干，将其剪成一个个树叶标签或其他手工艺品。我们在标签上写下一句句关于低碳生活的话或祝福的话，将标签赠送给学生和周末接送学生的家长。我们最成功的是"足迹标签"，共派送出8000多份，"足迹标签"形态可爱，深受大家的喜爱，很多都被收藏了起来。从这个阶段开始，我们的推广工作基本做到了无纸化宣传。

6."爬山虎绿色外墙"主题活动

2010年5月，学校开展了以"人与自然和谐相处"为主题的科技—文化节，大力宣传低碳和环保，全校师生参与了这次活动。我们先锋队借此展示了"爬满绿色"外墙模型，使得爬山虎绿色外墙计划得到更多人的理解和支持。

2010年7月，获得学校支持后，我们在学校钟楼外墙开始种植爬山虎，为期5年的爬山虎爬满外墙计划正式启动，见图2-6-1-5。若活动顺利完成，届时全校将有5万平方米的面积覆盖绿色植物。每个晴天将消耗约250千克CO_2进行光合作用。

图2-6-1-5　爬山虎外墙立体绿化

7. 万人誓师活动（见图2-6-1-6）

图2-6-1-6　我低碳，我自豪，万人誓师活动

2010年11月，我们对"抚平地球碳足迹"科技活动进行了阶段性总结，并在华南师大实习队的协助下举行了万人誓师签名启动仪式，使减碳活动达到了高潮。

四、活动成果

1. 低碳理念深入人心，节能减碳成为一种行为、一种习惯、一种时尚。切实减少了学校及周围的碳足迹。

2. 本次活动自2010年3月筹备到2011年6月活动结束，历时15个月，活动收集到数码照片12800多张、视频87个、剧本6个、黑板报83多例、手抄报416份、漫画127张、研究报告196份，活动充实而富有价值。

3. 项目组组建了两支队伍：TVRC和校园狂飙队。参加2010年气候酷派绿色校园行动时，两支队伍双双获得华南赛区一等奖，晋级全国总决赛。在为期两个月的3D平台网络总决赛中，TVRC获得全国第二名（并列），校园狂飙队获得"最佳科研奖"称号。

4. 在2010年、2011年的全国青少年气候大使选拔活动中，万一豆、肖壹两位学生成功入选，其中肖壹同学在全国气候大使夏令营中表现突出，被授予"气候大使杰出银奖"称号。

5. 活动项目的科学性、创新性、可操作性、可持续性都比较强，带来了一定的社会影响力，在英国领事馆（广州）文化教育处的推荐下，指导教师曹峰华出席了中英国际气候教育论坛，并在论坛上做了主题报告，受到了一致好评。

6. 活动受到了社会的广泛关注。活动过程受到了东莞阳光网、《东莞日报》《广州日报》《南方日报》、腾讯新闻、新浪新闻、搜狐绿色频道等媒体的关注，东莞电视台和旅游卫视曾做过专题采访和录播，产生了较深远的社会影响，对低碳生活理念和方法的普及起到了很好的推广作用，提高了人们对气候变化的理解，促使人们产生行动上的改变以积极应对气候变化。

五、活动收获与体会

活动历时一年半，历经无数艰难困苦，没有一个队员中途退出，队员们总是积极地想办法解决问题，锻炼了队员们的意志力和团队协作精神。

活动提高了学生的各种能力，在与教师、学生、家长的接触中锻炼了学生的沟通能力；在低碳海报的设计制作中拓展了学生的发散思维，提高了学生的创新能力；在爬山虎种植与管理过程中提高了学生的动手能力；在活动项目的舞台展示中锻炼了学生的表达能力与互动能力……活动项目的开展极大地提高了学生的综合素质。

活动项目的推进潜移默化地影响着学生的低碳行为和意识。队员们逐渐对前期横幅宣传、纸板宣传、手抄报比赛等进行了反思，认为这些宣传也存在很大的浪费，不太环保。队员们在后期的行动中尽量率先做到无纸化、低碳化，并推动了低碳海报的创意推出。后来在与企业和团体的交流中，学生们都主动携带水杯，委婉拒绝了瓶装水，真正成了环保先锋。

活动拓宽了师生的全球化视野。指导教师接受培训后，向队员们传递了相关的前沿信息，开阔了师生的视野，活动也受到了一些外国专家的指导与点评，学生和国外的志愿者进行网络沟通时也有很大的收获。

实验2　待到山花烂漫时　青松含翠迎春风

——东莞一中马尾松、湿地松保护活动纪实

一、活动背景

森林是人类宝贵的资源，能起到防风固沙、涵养水源、净化空气的作用。随着经济的全球化发展，森林资源正遭受着前所未有的威胁。一方面，人们只关注森林的经济效益和社会效益，而忽视了森林的生态效益，大肆地侵占森林，建工厂、搞房产，严重地破坏了生态环境；另一方面，人们厉行节约的意识还比较淡薄，纸张浪费时有发生，书籍的分类回收和循环利用没有落到实处，造成了"纸张消耗—砍树造纸"这一恶性循环。

马尾松和湿地松都是高大乔木，其中马尾松是我国原始物种，湿地松是外来物种，经过无数代的自然繁殖后，它们都适应了我国的自然环境，并且在森林生态系统中占据着非常重要的位置，具有很强的代表性。它们分布极广，一般在长江下游海拔600～700 m以下，中游约1200 m以上，上游约1500 m以下均有分布。然而这两种经济价值很高的松树却面临着很大的危机，成片的松林在现代伐木工具前黯然倒下，溶为纸浆，最终成为人们并不珍惜的纸张。若干年后，这两个貌似庞大的家族极有可能在地球上消失。

东莞是制造业名城，也是造纸业名城，而我们对纸张的认识却并不多，校园里浪费纸张的现象时有发生，偶尔出现的场景还有些触目惊心。我们中学生是社会和世界的未来，应当树立正确的消费观念，抵制铺张浪费的坏习惯，奉行勤俭节约的传统美德，为处于危机中的马尾松、湿地松物种尽一份绵薄之力。

二、活动目标

1. 知识目标

普及生态知识，了解森林的经济效益、社会效益、生态效益，了解纸张的制造过程。

2. 能力目标

（1）掌握野外种群密度的调查方法。

（2）掌握"树木—纸张"的换算方法，并向教师、学生、家长推广该方法。

（3）通过调查活动，锻炼学生收集信息、分析资料、提炼自我观点的能力。

（4）通过拍摄纪录片"马尾松的春天"，培养学生的动手能力、合作意识。

（5）面对生活中遇到的关于低碳环保的问题能创造性地解决，形成创新设计方案并尝试实施与推广。

3. 情感态度及价值观

（1）通过参观、培训、网络交流，形成环境保护全球化的视野，成为节能减排的倡导者和践行者。

（2）通过舞台展示、电视台录播等方式，学生的成果得到了充分的肯定，学生的自信心增强，自豪感得以升华，激发了学生进一步投入环保科技活动的决心和动力。

4. 社会价值

通过活动的开展、宣传与推广，让人们意识到自己低碳环保的生活方式是对节能减排的贡献，自己节约用纸的习惯可以让更多的马尾松、湿地松等树木见到明年的春天。

三、活动概况

为了减缓马尾松、湿地松种群锐减的趋势，为了唤起和强化人们节约用纸、保护森林的意识，东莞一中Nature First（自然为先）小队开展了马尾松、湿地松保护活动。Nature First小队做了以下工作：通过制作和展示低碳海报向学校师生和社区宣传低碳理念；参观造纸厂，了解造纸流程；统计校园内树木的种类、数目、树龄，计算出校园树木一天能吸收多少二氧化碳，换算出这些树木能生产多少纸品，这些纸品够师生消耗多久，从而向师生揭示树木的经济价值和生态价值；通过拍摄纪录片《马尾松的春天》向学校和社会传递出节能减排、保护森林的必要性和紧迫性；Nature First小队正在开展"低碳生林"计划，拟通过远程资助，联手西部森林资源衰退地区的中小学生代替我们种植本地物种，为缓解该地区植被荒漠化做出一定的贡献，这一计划已经得到了云南、贵州、四川部分学校的支持。该活动获得了强烈的社会反响，多家媒体对其进行过主题报道。Nature First小队拍摄的纪录片《马尾松的春天》由广东省青少年科技中心推荐参加第三届全国青少年科学影像节。Nature First团队参加了"青年酷派——绿色校园行动"比赛，并获得"全国最佳团队奖"。

四、活动过程

东莞一中Nature First团队活动过程见图2-6-2-1。

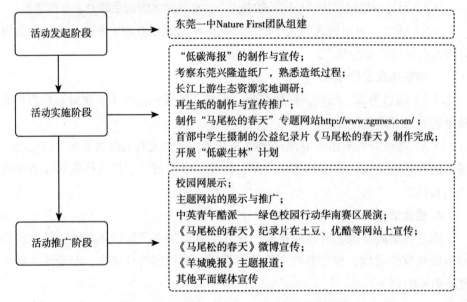

图2-6-2-1　东莞一中Nature First团队活动过程图

1. 活动发起

2011年5月，Nature First小队利用废报纸、环保木板、凋落的树叶、树枝、花朵制作成低碳海报，向全校师生宣传低碳理念。见图2-6-2-2、图2-6-2-3。

图2-6-2-2　制作低碳海报

图2-6-2-3　展示低碳海报，宣传低碳理念

2. 考察造纸厂

2011年6~7月，我们考察了珠三角几家大型的造纸厂，熟悉了解了制浆、抄纸、涂布、加工等造纸的重要环节，掌握了污染的产生阶段和能源的消耗情况，并且了解到沿海地区的造纸原浆基本都来自我国西部地区。

3. 生态考察

2011年7~8月，项目组部分学生远赴长江上游，调研当地生态资源，尤其是植被变化情况，统计马尾松、湿地松在该区域的种群密度。同时为制作公益纪录片《马尾松的春天》积累了原始素材。

4. 再生纸制造

2011年7~10月，我们开始在校园和周边收集废纸并尝试自制再生纸（见图2-6-2-4）。通过一系列的尝试，我们小队摸索出一些制作环保再生纸的方法并进行了宣传推广。虽然我们制作的再生纸尚未达到可以书写的标准，但是至少向教师和学生传达了节约用纸的理念及纸张循环利用的思路。

图2-6-2-4　制作再生纸

5. 网站建设

2011年8月，我们制作了气候酷派活动项目"马尾松的春天"专题网站（见图2-6-2-5），利用这个网站，我们小队大力宣传环境保护、低碳生活、节约用纸的理念和方法，且有较大的影响力；我们注册了"马尾松的春天"腾讯微博平台，拥有了一批忠实的粉丝（图2-6-2-6）。

图2-6-2-5　"马尾松的春天"主题网站

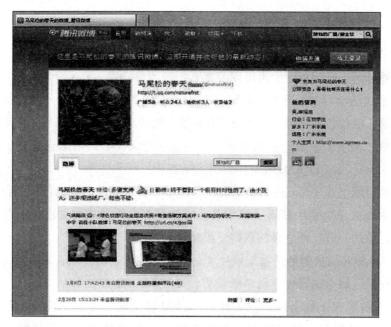

图2-6-2-6 "马尾松的春天"微博

6. 制作纪录片《马尾松的春天》

经过半年多时间的准备，2011年9~10月，我们小队集中精力对拍摄素材进行整理加工，10月底，首部以中学生视野拍摄的公益纪录片《马尾松的春天》制作完成，纪录片在东莞的6所高中试播后，反响很好，于是我们又在优酷网、百度视频等视频网络上进行了推广，好评如潮，《羊城晚报》对该活动进行了主题报道。

7. "低碳生林"计划

2011年9月至今，在长江上游生态调研活动后，我们强烈地感受到沿海经济的发展与内地生态的影响有着密切的关系，怀着对自然的敬畏和对西部人民的愧疚，我们联系了珠三角的一些造纸企业准备实施"低碳生林"计划，通过远程资助，联手西部森林资源衰退地区的中小学学生，代替我们种植本地物种，为缓解该地区植被荒漠化做出一定的贡献。该活动得到了贵州省锦屏县河口乡裕河小学、贵州省剑河县南加小学、贵州省黎平县茅贡小学、四川省宜宾县捧印村小学、四川省宜宾县双龙镇中心小学、四川省宜宾县复龙镇初级中学、云南省昭通市水富县王家山小学等学校教师和学生的支持。"低碳生林"计划正在有序地推进着。

五、活动成果

1. 节约用纸、保护森林的理念深入人心，节能减碳成了一种行为、一种习惯、一种时尚，校园里很少再出现浪费纸张的现象。

2. 本次活动自2011年3月筹备、策划，到2012年6月活动第一阶段结束，历时15个月，活动收集到数码照片13100多张、视频132个、剧本3个，活动充实而富有价值，摄制了一部公益纪录片《马尾松的春天》。网络播放地址：http：//v.youku.com/v_show/id_XMzM0MTIxNzIw.ht mL.

3. 项目组组建了Nature First团队，参加了"青年酷派——绿色校园行动"比赛，在华南区总决赛中获得了第一名，成功晋级全国总决赛。在全国总决赛中获得了评委的一致好评，最终获得全国最佳团队奖。

4. Nature First摄制的公益纪录片《马尾松的春天》由广东省青少年科技中心推荐参加第三届全国青少年科学影像节。

5. 活动受到了社会的广泛关注。活动过程受到了《东莞日报》《广州日报》《南方日报》、腾讯新闻、新浪新闻、搜狐绿色频道等媒体的关注和报道，《羊城晚报》对其进行了主题报道，产生了较深远的社会影响，促进了人们养成节约用纸、保护森林的良好习惯。

6. 活动对缓解该地区植被荒漠化做出了一定的贡献，让更多的马尾松、湿地松在明年春回大地之时继续展示出它们的勃勃生机，能继续发挥其防风固沙、涵养水源、净化空气等生态功能。

六、心得体会

活动的开展向师生和市民普及了低碳理念，项目组队员都转变成了环保活动的倡导者和践行者。活动影响较大，尤其是站在中学生角度拍摄和制作的纪录片《马尾松的春天》很有感染力。"低碳生林计划"得到了一些社会企业和西部师生们的大力支持，令我们非常感动，我们更加坚定了将该活动持续开展下去的决心！

实验3 复方大蒜-夹竹桃提取液对吹绵蚧壳虫 生物防治的研究

一、研究背景

随着经济的发展，城市绿化越来越受到重视，我们的校园一片郁郁葱葱，但是由于树种单一，生态系统的抵抗力稳定性较弱，植物的病虫害比较严重，园林工人不得不经常喷洒农药（见图2-6-3-1），问题逐渐凸显。一方面，农药严重污染环境，尤其是鸟类的生存环境，每次学校喷药之后都会在校园内发现被毒死的鸟（见图2-6-3-2）。另一方面，长期使用农药造成害虫的抗药性不断增强，人们不得不增加农药的剂量和喷洒农药的频率，造成恶性循环。尤其是多次在草坪上发现垂死挣扎的小鸟而无计可施的时候，我们的内心非常难过，我们决定去寻找一种能替代农药的杀虫剂。通过检索文献和请教专家后，我们发现大蒜和夹竹桃都具有杀菌灭虫的功能，而且对动物的毒害较小，于是我们着手从用大蒜和夹竹桃提取液防治害虫这个角度进行了研究。通过进一步观察，我们发现校园内最常见的害虫是蚧壳虫，于是我们将治理对象确定为吹绵蚧壳虫。

图2-6-3-1 园林工人在喷洒农药

图2-6-3-2 被毒死的小鸟

二、研究过程与数据

1. 超声波制备大蒜提取液

大蒜去皮［大蒜∶清水（或蒸馏水）为500 g∶1000 mL］放入榨汁机中，弱档初榨3 min，连同渣液倒入超声波提取设备中提取80 min，过滤后加入适量无色食醋，调pH到5.5、6、6.5。灭菌后放入冰箱中保存待用。（见图2-6-3-3、图2-6-3-4）

图2-6-3-3　准备实验材料

图2-6-3-4　超声波提取大蒜液

2. 超声波制备夹竹桃提取液

取夹竹桃叶（见图2-6-3-5），分别溶于50%、60%、70%、80%的乙醇中，浸泡6 h，然后置于超声波设备中超声波提取120 min，于4000 r/min离心10 min（见图2-6-3-6），将提取液灭菌后放入冰箱中保存备用。

图2-6-3-5　夹竹桃叶

图2-6-3-6　超声波设备

3. 配制复方大蒜—夹竹桃提取液

（1）确定原液浓度

称取大蒜500 g，放入榨汁机中自动榨取，将蒜渣放在滤纸上看滤纸是否有水痕，若无水痕则说明大蒜中的液体成分已经基本被榨出。倒出蒜液称重得360 g，出液率为72%，以此为标准计算原液中大蒜液的浓度约为0.2647 g/mL，加蒸馏水调至0.2 g/mL，加食醋微调pH到5.5、6、6.5。夹竹桃叶革质化，用榨汁机难以榨取夹竹桃液，于是我们将夹竹桃叶500 g放入烤箱中70 ℃烘烤120 min，85 ℃烘烤30 min，取出后称重约为380 g，出液率为76%，以此为标准计算夹竹桃液浓度约为0.1071 g/mL，加蒸馏水调至0.1 g/mL。

（2）配制复方溶液

取pH为5.5、浓度为0.2 g/mL的适量大蒜提取液，分别放入5个已编号的大烧杯中，采用2倍稀释法得到浓度为0.1 g/mL、0.05 g/mL、0.025 g/mL、0.0125 g/mL、0.00625 g/mL的大蒜提取液各300 mL

取pH为6～6.5、浓度为0.2 g/mL的适量大蒜提取液，分别放入10个已编号的大烧杯中，重复上述2倍稀释法的步骤，最终得到3个pH梯度、5个浓度梯度的大蒜提取液。

取浓度为0.1 g/mL的夹竹桃提取液适量，放入5个已编号的大烧杯中，采用2倍稀释法得到浓度为0.1 g/mL、0.05 g/mL、0.025 g/mL、0.0125 g/mL、0.00625 g/mL的大蒜提取液各900 mL，并均分为3等份，各自编号。最终得到5个浓度梯度，每个浓度梯度各3等份的夹竹桃提取液。

先配制等浓度复方提取液，将原始pH不同的大蒜提取液与等浓度的夹竹桃提取液等体积混合得到0.1-0.1、0.05-0.05、0.025-0.025、0.0125-0.0125、0.00625-0.00625复方液，标记为A组，编号A1-A1、A2-A2、A3-A3、A4-A4、A5-A5；B组B1-B1、B2-B2、B3-B3、B4-B4、B5-B5；C组C1-C1、C2-C2、C3-C3、C4-C4、C5-C5。从实验结果上看，原始pH为6的这一组效果比其他两组要好，在进一步的实验中配制该组（大蒜提取液原始pH为6）的交叉浓度（前期实验表明在大蒜—夹竹桃浓度为0.05-0.05 g/mL时效果最好）提取液，即0.1-0.05、0.1-0.025、0.05-0.1、0.025-0.1、0.025-0.025，标记为D组，编号D1-D1、D2-D2、D3-D3、D4-D4、D5-D5。

4. 复方提取液灭虫实验

吹绵蚧壳虫取自校园中的白兰树，在盆栽白兰树上连续饲养多代，得到实验种群。（见图2-6-3-7、图2-6-3-8）

 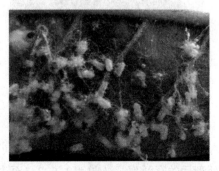

图2-6-3-7　感染吹绵蚧壳虫的叶片　　图2-6-3-8　相机微距拍摄的吹绵蚧壳虫

选择健壮的白兰树次生枝条，在枝条上摘取长势相同的叶片，将叶柄插于浸泡有复合植物培养液（在500 mL植物培养液中加入0.5 mg/mL的阿司匹林溶液10 mL）的花泥中，叶片能保鲜20 d左右，选择实验种群中个体大小相同的吹绵蚧壳虫，用解剖针将其挑在健康叶片上，利用吹绵蚧壳虫不离开寄生植株的生活特点，将叶片放入人工智能气候箱中培养24 h（温度设置为28 ℃）。第二天将培养皿移出，每片叶片上保留30个健康的吹绵蚧壳虫，在无菌台用复方大蒜—夹竹桃提取液喷雾处理，在培养皿上标记好提取液浓度，再将其放回气候箱，培养皿上的叶片每隔5 d再喷雾处理一次，每日定时在解剖镜下观察记录吹绵蚧壳虫的存活情况。第15 d统计结果。每个设置重复3次。（见图2-6-3-9至图2-6-3-12）

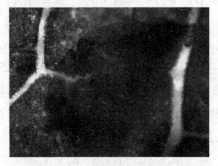

图2-6-3-9　显微镜下拍摄的吹绵蚧幼龄若虫

图2-6-3-10　显微镜下拍摄的吹绵蚧若虫

图2-6-3-11　解剖镜下挑离吹绵蚧成虫

图2-6-3-12　气候箱中培养的白兰叶片

5. 实验数据

根据观察值统计吹绵蚧壳虫经不同浓度、不同pH的复方大蒜—夹竹桃提取液处理后的存活率。（见表2-6-3-1至表2-6-3-4）

表2-6-3-1 A组5个浓度处理后吹绵蚧壳虫的存活率

	样本数	原始pH为5.5（单位：g/mL）					
		对照	0.1–0.1	0.05–0.05	0.025–0.025	0.0125–0.0125	0.00625–0.00625
重复1	30	0.93	0.27	0.27	0.23	0.43	0.77
重复2	30	0.97	0.37	0.10	0.30	0.53	0.90
重复3	30	0.87	0.40	0.07	0.13	0.37	0.63
平均*	30	0.92 ± 0.02	0.34 ± 0.03	0.14 ± 0.05	0.22 ± 0.03	0.44 ± 0.03	0.76 ± 0.06

注：平均*是由标准偏差公式 $S=\sqrt{\dfrac{\Sigma\left(x_i-\bar{x}\right)^2}{n-1}}$ 和标准误差公式 $S_{\bar{x}}=\dfrac{S}{\sqrt{n}}$ 计算得出的，下同。

表2-6-3-2 B组5个浓度处理后吹绵蚧壳虫的存活率

	样本数	原始pH为6.0（单位：g/mL）					
		对照	0.1–0.1	0.05–0.05	0.025–0.025	0.0125–0.0125	0.00625–0.00625
重复1	30	0.90	0.23	0.23	0.20	0.40	0.70
重复2	30	1.00	0.20	0.03	0.27	0.60	0.83
重复3	30	0.87	0.27	0.03	0.17	0.43	0.90
平均*	30	0.92 ± 0.02	0.23 ± 0.01	0.09 ± 0.05	0.21 ± 0.02	0.47 ± 0.04	0.81 ± 0.04

表2-6-3-3 C组5个浓度处理后吹绵蚧壳虫的存活率

	样本数	原始pH为6.5（单位：g/mL）					
		对照	0.1–0.1	0.05–0.05	0.025–0.025	0.0125–0.0125	0.00625–0.00625
重复1	30	1.00	0.30	0.30	0.27	0.50	0.73
重复2	30	0.93	0.23	0.30	0.23	0.50	0.80
重复3	30	0.87	0.37	0.20	0.40	0.53	0.77
平均*	30	0.93 ± 0.03	0.3 ± 0.03	0.26 ± 0.02	0.3 ± 0.04	0.51 ± 0.01	0.76 ± 0.01

表2-6-3-4　D组5个浓度处理后吹绵蚧壳虫的存活率

	样本数	原始pH为6.0（单位：g/mL）					
		对照	0.1-0.05	0.1-0.025	0.05-0.1	0.025-0.1	0.025-0.025
重复1	30	0.83	0.13	0.13	0.17	0.27	0.23
重复2	30	0.93	0.07	0.00	0.23	0.40	0.13
重复3	30	0.97	0.10	0.00	0.07	0.63	0.10
平均*	30	0.91±0.03	0.1±0.01	0.04±0.03	0.15±0.03	0.43±0.08	0.15±0.06

6. 数据分析

5组提取液对吹绵蚧壳虫均有杀菌作用。数据表明，原始pH为6.0（原液保存时的pH）的组别杀虫效果最好，原始pH为5.5的组别杀虫效果其次，原始pH为6.5的组别杀虫效果最差，我们经过分析认为是大蒜原液中加入了适量的食用醋酸对大蒜素起到了保护作用，并且醋酸本身也有杀菌作用，加强了复方液的杀虫效果；前四组大蒜、夹竹桃均是等浓度混合，结果发现杀虫浓度在0.05-0.05这个浓度最好，于是又做了系列浓度梯度的交叉浓度实验，结果表明复方提取液的浓度在大蒜液：夹竹桃液=0.1：0.025混合时效果最好，对吹绵蚧壳虫杀灭效果接近95%；大蒜液：夹竹桃液=0.1：0.05混合时效果其次，杀火效果接近90%；其他浓度的混合液效果较差。

7. 校园自然植株杀虫实验

为验证复方大蒜—夹竹桃提取液在自然环境中的杀虫效果，研究小组选择校园环境中感染了吹绵蚧壳虫的白兰花植株进行了提取液喷洒实验，配制了最优酸碱度（原始pH为6.0）、最优浓度（大蒜液：夹竹桃液=0.1：0.025）的提取液，装入Lily's-沃施5338气压式喷雾器中（有效喷雾距离15 m），对感染植物进行喷洒，隔5 d喷洒一次。由于复方提取液未能批量配制及感染植株树龄、树冠大小、感染程度等差异较大，我们无法进行定量统计，只能通过观察做定性分析。通过逐天观察，15 d后我们发现，原来受感染的白兰植株上基本上找不到吹绵蚧壳虫了，实验结果表明，复方大蒜—夹竹桃提取液在自然环境中对吹绵蚧壳虫有良好的杀灭作用。

8. 白头鹎毒理性实验

为探究复方大蒜—夹竹桃提取液是否对环境造成污染，尤其对鸟类的生存是否造成危害，研究小组从市场上购买了3只白头鹎，分别用0.1-0.05、0.1-

0.025、0.05-0.1的提取液（原始pH为6.0）混合饲料对其进行定时、定量饲喂，并观察小鸟的生活状态，7 d下来，小鸟并未出现死亡现象，只是第二天和第三天两只笼中的小鸟精神有些萎靡，研究小组认为复方大蒜—夹竹桃提取液基本不会对鸟类的生存构成危害。

三、研究结论

复方大蒜—夹竹桃提取液对吹绵蚧壳虫有杀灭作用，复方提取液的浓度在大蒜液：夹竹桃液=0.1：0.025混合时效果最好，在实验室中对吹绵蚧壳虫杀灭效果接近95%，在自然环境下对吹绵蚧壳虫也有高效的杀灭作用。毒理性实验表明复方提取液对鸟类生存并无威胁，可以替代农药对吹绵蚧壳虫进行生物防治。

四、创新点

本研究首次采用复方大蒜—夹竹桃提取液对吹绵蚧壳虫进行杀灭实验，得到了一定浓度的复方提取液对吹绵蚧壳虫有高效杀灭作用的结论。本研究也首次提出了复方植物提取液生物防治吹绵蚧壳虫的理论依据。实验过程中探索出了大蒜初榨取和超声波提取的最佳结合点，发现了保护大蒜素的最佳酸碱度，提出了夹竹桃叶片超声波提取的新思路。

五、存在的不足

实验条件有限，无法对大蒜、夹竹桃的浓度进行精确提取，实验中出现的浓度受材料本身含水量、干燥程度、存放时间等因素影响会有差别。

大蒜提取液和夹竹桃提取液单独灭虫效果是由兴趣小组的学长、学姐先前做的，一些过程数据没有保存下来，我们研究小组未来得及验证大蒜、夹竹桃各自对吹绵蚧壳虫的杀灭作用。

放入气候箱中做实验的是蚧壳虫的成虫，少数成虫在白兰叶片上产卵并有幼虫孵出，估计是蚧壳虫卵鞘起到了保护作用，孵化后的若虫在哪一个阶段会被杀灭尚需进一步探究。

实验周期估算为1年，不同气候条件对吹绵蚧壳虫的生理影响尚不明确。

由于样本受限，提取液对鸟类的毒理实验只具有一定的代表性，对其他食性不同、体型差别较大的鸟类是否有害尚不明确。

六、研究展望

我们进一步探究大蒜、夹竹桃各自对吹绵蚧壳虫的杀灭作用。在一年的实验周期里进一步做好实验的操作、观察、记录，提高实验结论的说服力，寻求和专业的科研机构合作，弄清楚夹竹桃和大蒜提取液的有效成分、准确浓度、杀虫机理。在实验过程中，大蒜价格一路上涨，如何控制复方提取液的成本也是我们研究的方向。

参考文献

[1] 宋小双，邓勋.食用菌主要病虫害及其无公害防治[J].中国林副特产，2009，02.

[2] 丁家欣，张秋海，刘丽梅，等.大蒜油HPLC指纹图谱研究[A].全国中药标准研究学术研讨会论文集，2005.

[3] 陆宁海，吴利民，李晓红，等.夹竹桃抑菌活性的初步研究[J].湖北农业科学，2007，46（6）：934-935.

[4] 王万贤，杨毅，王宏，等.夹竹桃对钉螺的毒杀作用及机理研究[J].水生生物学报，2007，31（3）：449-452.

实验4　红托竹荪幼担子果菌蕾生物保鲜作用的研究

红托竹荪是寄生在枯竹根部的一种隐花菌类。我们通过超声波提取和传统打浆过滤得到不同浓度的红托竹荪幼担子果菌蕾提取液，分别进行水果蔬菜自然保鲜实验、霉菌（毛霉）抑制作用和大肠杆菌抑制作用的研究。结果表明红托竹荪幼担子果菌蕾具有一定的生物防腐作用，为天然防腐剂的研究和开发提供了理论依据和实践依据。

一、研究背景

去年盛夏的一天，我在学校竹林发现了一种真菌，跟在贵州姥姥家见过的一样，询问老师后得知这种真菌叫竹荪。老师说竹荪是很美味的食材，而且煲汤不容易馊，我觉得很好奇，于是采回去煲汤后留了一碗汤观察。果然，这碗汤在第三天都还没有变馊，如果是一般的汤，早就馊了。我觉得这种竹荪很有价值，要是能挖掘出它的保鲜作用，人们就可以少受市面上各种化学防腐剂的侵害了。于是我一边查询资料，一边寻找有相同志趣的伙伴组建团队，并找到了科技活动的指导教师，我们开始了竹荪保鲜作用的研究。经过查询得知，红托竹荪口感好、营养丰富，但是价格昂贵，市场价格大约为600~1000元/kg。而红托竹荪幼担子果菌蕾价格便宜，约60~120元/kg，口感也不错，目前尚未有菌蕾防腐作用的研究，于是我们决定对物美价廉的红托竹荪幼担子果菌蕾进行生物保鲜作用的研究。（见图2-6-4-1至图2-6-4-4）

图2-6-4-1　红托竹荪

图2-6-4-2　红托竹荪幼担子果菌蕾

图2-6-4-3　红托竹荪幼担子
果菌蕾提取液

图2-6-4-4　烘干的片状红
托竹荪幼担子果菌蕾

二、研究目的

通过超声波提取和传统打浆过滤得到不同浓度的红托竹荪幼担子果菌蕾提取液，分别进行樱桃番茄保鲜实验、新鲜冬枣保鲜实验、豆腐毛霉抑制实验、大肠杆菌抑菌实验，总结出红托竹荪幼担子果菌蕾具有生物保鲜作用，为天然防腐剂的研究和开发开辟了新的思路，并为相关研究提供了理论依据和实践依据。

三、研究过程

1. 超声波提取红托竹荪幼担子果菌蕾提取液

取烘干的片状竹荪菌蕾100 g置于100 mL蒸馏水中，浸泡6 h，然后将其置于超声波设备中超声波提取120 min，于4000 r/ min离心10 min；随后将其放入榨汁机中自动榨取，将残渣放在滤纸上看是否有水痕，若无水痕则说明竹荪菌蕾中液体成分已经基本被榨出；倒出残渣称重得72 g，液体126 g，换算成原液浓度为0.26 g/mL，加蒸馏水调至0.1 g/mL，以5倍梯度浓度稀释得到0.05 g/mL、0.025 g/mL、0.0125 g/mL竹荪菌蕾提取液，放入冰箱中保存备用。（见图2-6-4-5）

图2-6-4-5　配制菌蕾提取液

2. 红托竹荪幼担子果菌蕾天然防腐作用的研究

（1）樱桃番茄保鲜实验

选取色泽光鲜、表面无伤痕、体重接近的樱桃番茄若干，设置5组，每组6个，4个实验组，1个对照组。实验组番茄分别用毛笔涂抹0.1 g/mL、0.05 g/mL、0.025 g/mL、0.0125 g/mL的竹荪菌蕾提取液，对照组不做处理，室温（15～35 ℃）、自然湿度（35%～85%），模拟自然保存，每天观察并记录樱桃番茄的保鲜情况。每组实验重复3次。

（2）新鲜冬枣保鲜实验

选取色泽光鲜、表面无伤痕、体重接近的新鲜冬枣若干，设置5组，每组6个，4个实验组，1个对照组。实验组冬枣分别用毛笔涂抹0.1 g/mL、0.05 g/mL、0.025 g/mL、0.0125 g/mL的竹荪菌蕾提取液，对照组不做处理，室温（15～35 ℃）、自然湿度（35%～85%），模拟自然保存，每天观察并记录冬枣的保鲜情况。每组实验重复3次。

（3）新鲜砂糖橘保鲜实验

选取色泽光鲜、表面无伤痕、体重接近的新鲜砂糖橘若干，设置5组，每组

6个，4个实验组，1个对照组。实验组砂糖橘分别用毛笔涂抹0.1 g/mL、0.05 g/mL、0.025 g/mL、0.0125 g/mL的竹荪菌蕾提取液，对照组不做处理，室温（15~35 ℃）、自然湿度（35%~85%），模拟自然保存，每天观察并记录砂糖橘的保鲜情况。每组实验重复3次。

（4）豆腐毛霉抑制实验

将购于市场的老豆腐切成2 cm见方的小块，设置5组，每组6块，4个实验组，1个对照组。实验组豆腐分别用毛笔涂抹0.1 g/mL、0.05 g/mL、0.025 g/mL、0.0125 g/mL的竹荪菌蕾提取液，对照组不做处理，室温（15~25 ℃）、自然湿度（35%~85%），置于笼屉中，每隔3 h观察毛霉的生长情况。

（5）大肠杆菌抑菌实验

采用滤纸片扩散法进行实验。在无菌室中将大肠杆菌菌种接种到试管斜面培养基上，置于35~37 ℃恒温箱内培养24 h，之后将其置于0~4 ℃环境下冷藏备用。培养基平板制备：取经过37 ℃培养过的大肠杆菌，经显微计数后，稀释成10^5 CFU/mL、10^4 CFU/mL、10^3 CFU/mL、10^2 CFU/mL，取0.1 mL稀释液涂布接种。将直径为1 cm的滤纸片放在浓度为0.1 g/mL、0.05 g/mL、0.025 g/mL、0.0125 g/mL的菌蕾提取液中浸泡10 min，对照组用无菌水浸泡10 min，然后用镊子取出置于平板上待用。将贴好滤纸条的平板置于37 ℃恒温箱中培养24 h，定期观察抑菌圈的情况并做记录。

3. 实验数据

根据观察值统计红托竹荪幼担子果菌蕾提取液对不同水果蔬菜的保鲜情况，见表2-6-4-1至表2-6-4-5。（室温、自然湿度下进行实验）

表2-6-4-1　樱桃番茄组4个浓度处理后保鲜时间（单位：天）

红托竹荪幼担子果菌蕾提取液浓度（单位：g/mL）					
重复	样本数	对照	0.1	0.05	0.025	0.0125
重复1	6	4	8	7	7	6
重复2	6	5	7	6	8	5
重复3	6	4	8	8	5	6
平均*	6	4.33 ± 0.02	7.66 ± 0.03	7.00 ± 0.08	6.66 ± 0.04	5.66 ± 0.03

注：平均*是由标准偏差公式 $S=\sqrt{\dfrac{\sum(x_i-\bar{x})^2}{n-1}}$ 和标准误差公式 $S_{\bar{x}}=\dfrac{S}{\sqrt{n}}$ 计算得出的，下同。

表2-6-4-2　新鲜冬枣组4个浓度处理后保鲜时间（单位：天）

		红托竹荪幼担子果菌蕾提取液浓度（单位：g/mL）				
重复	样本数	对照	0.1	0.05	0.025	0.0125
重复1	6	8	19	16	13	13
重复2	6	7	15	13	14	9
重复3	6	9	17	14	13	10
平均*	6	8.00 ± 0.03	17.00 ± 0.01	14.33 ± 0.03	13.33 ± 0.02	10.66 ± 0.03

表2-6-4-3　新鲜砂糖橘组4个浓度处理后保鲜时间（单位：天）

		红托竹荪幼担子果菌蕾提取液浓度（单位：g/mL）				
重复	样本数	对照	0.1	0.05	0.025	0.0125
重复1	6	3	8	7	4	5
重复2	6	5	8	6	7	6
重复3	6	4	6	7	6	4
平均*	6	4.00 ± 0.01	7.33 ± 0.02	6.66 ± 0.01	5.66 ± 0.04	5.00 ± 0.02

表2-6-4-4　豆腐组4个浓度处理后毛霉生长情况（单位：小时）

		红托竹荪幼担子果菌蕾提取液浓度（单位：g/mL）		
重复	样本数	毛霉开始生长	菌丝生长旺盛	菌丝布满豆腐
对照组	6	48	75	123
0.1	6	42	51	93
0.05	6	42	57	99
0.025	6	45	60	99
0.0125	6	48	57	102

表2-6-4-5　红托竹荪幼担子果菌蕾提取液抑制大肠杆菌的实验结果

	红托竹荪幼担子果菌蕾提取液浓度（单位：g/mL）				
	对照	0.1	0.05	0.025	0.0125
大肠杆菌	−	+++	+++	+++	++
抑制作用	无	有	有	有	有
注：− + ++ +++ 分别表示无明显抑制圈、抑制圈不明显、抑制圈清晰且大、抑制圈大于12 mm。					

四、研究结论

红托竹荪幼担子果菌蕾提取液有明显的自然保鲜作用，并在浓度为0.1 g/mL时效果最佳。

红托竹荪幼担子果菌蕾提取液对毛霉（真菌）的生长不但没有抑制作用，反而有一定的促进作用，具体机理尚不清楚。

红托竹荪幼担子果菌蕾提取液对大肠杆菌（细菌）的繁殖有抑制作用，在浓度为0.1 g/mL、0.05 g/mL、0.025 g/mL时效果都比较好，并且很接近。

五、创新点

本研究首次采用红托竹荪幼担子果菌蕾提取液进行生物防腐实验，其他文献多为成熟竹荪子实体的相关研究；本研究首次采用了超声波提取和传统压榨过滤相结合的方法对提取液进行处理，实验结果表明该方式效果较好；研究过程中，我们发现提取的残渣很容易长霉菌，于是进一步做了抑制真菌的实验，填补了相关研究的空白。

六、研究中存在的不足

由于实验条件有限，我们无法对菌蕾提取液进行精确提取，实验中出现的浓度受材料本身含水量、干燥程度、存放时间等因素影响会有差别。

本实验时间跨度较大，每组实验虽然都有设置对照实验，但是不同日期因气温和湿度的影响，实验结果纵向比较差别明显，尤其是樱桃番茄的保鲜实验和毛霉生长抑制实验受湿度影响较大。

菌蕾提取液抑制细菌的实验只完成了大肠杆菌的实验，其他菌种的抑制实验刚刚开始，尚无结论。

本研究只完成了红托竹荪幼担子果菌蕾提取液的实验，没有对其他种类竹荪幼担子果菌蕾进行实验，其他竹荪幼担子果菌蕾抑菌效果尚不明确。

毛霉生长实验，我们白天在实验室观察，晚上带回宿舍观察，两处湿度有所差别，可能导致实验结果有一定误差。

七、研究展望

在新的实验周期里，我们要进一步做好实验的操作、观察、记录，提高实验结论的准确性。

我们寻求和专业的科研机构合作，以弄清楚红托竹荪幼担子果菌蕾提取液的有效成分、准确浓度、抑菌机理，进一步开展红托竹荪幼担子果菌蕾提取液广谱抑菌作用的研究。

八、收获与体会

在几个月的实验探究过程中，我们有幸比同龄人更早接触并掌握了离心、超声波提取、细菌培养等技术，了解并运用了科学探究的一般方法。有些实验有严格的实验限制，超过实验时间就得重做，否则实验数据就不准确，我们感受到了科学研究的严谨和艰辛。在项目研究过程中，我们提前做计划，如栽培、测量、定溶、镜检、观察、记录、统计等都有明确的分工，尽量在有限的时间内解决更多的问题，我们深刻体会到了团队协作的重要性。最后，由衷地希望我们的研究对生物保鲜作用有借鉴意义。

参考文献

[1] 韩慧，张刚，郝景雯，王东博，何雨青.长裙竹荪抑菌作用研究 [J].食品研究与开发，2008，29（5）.

[2] 翁丽丽，王淑敏，朱娜，宋启印.大口静灰球体外抑菌实验研究 [J].时珍国医国药，2010，21（11）.

[3] 陆宁海，吴利民，李晓红，等.夹竹桃抑菌活性的初步研究 [J].湖北农业科学，2007，46（6）：934-935.

实验5　绿色科技生物夏令营——同沙生态公园实地考察综合创新实践活动

一、活动背景

《2010东莞城市发展报告——绿色发展视角下的城市升级》提出用绿色视角建设幸福东莞。绿色幸福城市的建设离不开生物科技人才，人才的培养得益于学校。生物科学是一门与现实生活联系非常紧密的学科，它需要学生有一定的生物学常识，需要学生有一些生活体验，需要学生对自然界有一定的宏观认识，这恰恰是我们的学生所缺乏的。因此，我们策划了这次以野外考察、体验为主，实验室观察分析为辅的生物夏令营活动。我们整合学校、社区的各种资源，利用同沙生态公园毗邻我校这个优越的地理条件，让学生亲近大自然，感受绿色，体验科技，把所学的知识和自己的观察结合起来，进而潜移默化地接受环境教育，切实提高自身的科学素养。此次活动融"体验、调查、实践、实验"为一体，让学生体验了科学探究的乐趣，让学生融学习于活动之中，可谓是一次真正的创新探究。

二、活动实施过程

（一）前期准备

2010年8月15日～19日，夏令营兴趣小组的学生和生物科组的教师们通过讨论初步确定了活动的主要内容，然后进行分组讨论，将每个活动的具体实施方案详细地写出来。正式活动前，我们进行了以下两个方面的准备活动：一是开营仪式，卢旭昌校长和王更强科组长对学生进行动员指导（见图2-6-5-1至图2-6-5-3）；二是带队的教师到同沙生态公园进行实地勘察，了解同沙生态公园的基本情况，确定了活动的基本路线，实地考察了一些适合开展活动的区域，确保活动能在安全的情况下顺利进行。分组名单见表2-6-5-1。

图2-6-5-1　卢校长在动员

图2-6-5-2　王更强老师在指导

图2-6-5-3　夏令营团队

表2-6-5-1 分组名单

组别	第一组	第二组	第三组	第四组	第五组	第六组	第七组
指导教师	王更强	付春梅	王贵娟	彭卫	王文娟	欧品质	李伟祥
学生成员	陈沛良、李嘉安、魏志荣、钟振强	钟梓峰、吴尚陶、姚耀聪、钱嘉琪	郭佩欣、黄丽娟、韩斯雅、王汝恩	莫绮晴、宋静云、陈淑行、香丽婷	罗宝仪、邵静雯、卫玉娇、刘玉婷	罗钰怡、傅柳仪、刘东仪、吴丽香	刘焕萍、刘智瑾、叶敏、黄子媚

（二）主题活动一：同沙生态公园植物多样性调查初探

1. 活动时间：2010年8月21日、22日。

2. 活动地点：同沙生态公园和东莞市第一中学实验室。

3. 研究过程及成果。

（1）植物认种活动

主要参与成员：全体夏令营成员。

2010年8月21日、22日，我们开始了本次夏令营的第一个活动——同沙生态公园行道植物认种。在指导教师的带领下，学生带上植物图鉴和检索表，对公园中主干道两侧常见的乔木和灌木进行辨别认种，同时制作了大量电子标本。学生都非常投入，碰到无法确定的植物就先用相机拍照，利用晚上的时间到网上去查阅相关的资料，有的同学甚至将照片发到网上去以求获得更权威的鉴定。本次活动共确定植物12个科56个种。（见图2-6-5-4、图2-6-5-5）

图2-6-5-4 李伟祥老师在指导

图2-6-5-5 学生在拍照记录

在活动的第三天，我们举行了植物认种比赛，比赛分为七个小组，哪个小组在规定的时间内认出的植物多就算胜出。这个活动主要是让学生能够对自己生活的环境更加熟悉，感受各种植物的美丽和特性，感悟大自然植物的多姿多彩，提高学生的感性认识，激发学生探究大自然的兴趣。

（2）入侵植物分布的调查

主要参与人员：莫绮晴、宋静云、陈淑行、香丽婷。

在植物认种活动中，我们发现有些地方几乎被一种植物占据，经过分析，初步认定这些可能是入侵植物。通过在网上查阅有关东莞入侵植物的资料，我们发现同沙生态公园中已有多种入侵植物分布（见表2-6-5-2）。在调查入侵植物的过程中，学生认真分析了这些入侵植物的生态特征，以及其与周围其他植物之间的种间关系，并且与课本中的生态学知识联系起来，一方面学以致用，另一方面又能加深对课本知识的理解，达到双赢的效果。其中陈淑行等同学的论文《同沙生态公园入侵植物种类调查初探》获得2010年东莞市科技创新大赛三等奖。

表2-6-5-2 同沙生态公园常见入侵植物生态学特征

植物名称	生态学特征及危害	园区分布情况
薇甘菊	薇甘菊喜欢攀缘在低矮的灌木丛中，它们攀上灌木和乔木之后，能迅速形成整株覆盖之势，并能分泌毒汁，抑制其他植物生长。生态公园里成百上千亩的荔枝林上覆盖上了薇甘菊，有的荔枝树已经枯死。在荔枝林及其周围已经鲜有其他植物物种生存	非常广泛
水葫芦	水葫芦的学名为凤眼莲，为雨久花科、凤眼莲属植物。园区内有大量的池塘和沼泽地，据我们调查，有些区域的池塘内水葫芦大肆繁殖，造成水下缺氧，进一步导致大量水生生物死亡	局部水域可见
马缨丹	马鞭草科，马缨丹属，常绿灌木。该杂草生活力、适应力、繁殖力和竞争力都很强，常常入侵自然和农业生态系统，它能把各种植物的栖息地变成自己的殖民地。此植物的入侵对生态园造成了一定程度的破坏	广泛
空心莲子草	苋科，多年生草本植物，广泛分布于淡水生境中；种子产量低，依靠水和风传播种子；具有很强的克隆繁殖和克隆生长特性，植物体的任何一部分都有可能成为形成新个体的起点，这一特点有利于该植物的扩散	广泛
飞机草	为菊科、泽兰属植物，曾作为观赏植物和肥料作物被引种到世界各地，对当地的生物多样性、自然生态系统和社会经济发展构成了严重的威胁	局部可见

（3）叶脉书签的制作

2010年8月21日晚上，兴趣小组的学生将白天采摘的叶子拿到学校生物实验室进行叶脉书签的制作。学生们首先上网查阅制作方法及详细的实验步骤，在大家的共同努力下，制作了一些质量较高的叶脉书签，后来学生们还把这些书签拿到照相馆进行塑封，作为活动的纪念品。（见图2-6-5-6、图2-6-5-7）

图2-6-5-6　叶脉书签制作过程　　　　　图2-6-5-7　叶脉初现

（三）主题活动二：同沙生态公园某植物种群密度调查

1. 活动时间：2010年8月21日。

2. 活动地点：同沙生态公园和东莞市第一中学实验室。

3. 主要参与成员：钟梓峰、吴尚陶、姚耀聪、钱嘉琪、罗宝仪、卫玉娇、刘玉婷。

4. 研究过程及成果。

2010年8月21日下午，生物科技夏令营团队在同沙生态公园映翠湖旁开展了植物种群密度调查活动。学生通过选场地、划样方、选种统计，最后回校汇总，完美地完成了此次调查活动（见图2-6-5-8至图2-6-5-10）。团队选定了莎草、水蜈蚣和崩大碗三个物种进行调查，最后统计得出这三个物种的种群密度（见表2-6-5-3）。通过此次活动，学生实践了科学研究方法——样方法，并能学以致用，提高了学生的生物科学素养。从统计结果中我们发现，莎草的种群密度在调查样地中相对较大，因此兴趣小组的吴丽香同学专门对其进行了更深入的研究和观察，写成科技论文《探究适合莎草生长的土壤类别》并获得2010年东莞市科技创新大赛二等奖。

图2-6-5-8 付春梅老师指导操作

图2-6-5-9 样方法计数

图2-6-5-10 数据汇总

表2-6-5-3 同沙生态公园植物种群密度调查统计表

样方编号	1	2	3	4	5	6	7	8	9	10	平均值
水蜈蚣的数量（株）	61	24	29	0	43	36	51	38	36	40	35.8
莎草数量（株）	31	7	0	6	16	60	65	94	92	92	46.3
崩大碗数量（株）	17	95	80	0	14	45	40	42	25	105	46.3

（四）主题活动三：同沙生态公园水生植物生态适应性调查初探

1. 活动时间：2010年8月21日。

2. 活动地点：同沙生态公园各水域和东莞市第一中学实验室。

3. 主要参与成员：陈沛良、李嘉安、魏志荣、钟振强、郭佩欣、韩斯雅、王汝恩。

4. 研究过程及成果。

在同沙生态公园考察过程中，我们看到了很多非常熟悉但却叫不出名字的水生植物。通过查阅《常见的水生植物观察图鉴》和指导教师的帮助，我们对这些水生植物一一进行了确认，并上网查询了相关资料。根据水生植物生长环境内水的深浅不同，以及它的形态、构造等特点，公园内的水生植物可分为三个主要生态类群：挺水植物、浮水植物和沉水植物。这些植物是否有一些特别的适应水生环境的结构呢？带着这个问题，兴趣小组的学生采集了标本并将其制作成临时装片在实验室进行了显微观察（见图2-6-5-11）。

图2-6-5-11　学生在显微镜下观察

我们通过实验观察和在网上查阅相关资料，发现水生植物在形态、结构方面表现出对水环境的高度适应。

（1）根：水生植物的根在形态、构造、功能上都较退化，有的水生植物甚至无根，如金鱼藻；有的水生植物根分枝少或不分枝。

（2）茎：水生植物，尤其是沉水植物，茎幼嫩而纤细，如眼子菜等，分枝少，表皮一般不具有防止水分蒸发的角质层。

（3）叶：水生植物的叶都有一些明显的特征，如莲叶的表皮毛极发达，由于表皮毛的存在，水滴到莲叶上立即形成圆形水珠。依据植物体的发育阶段及其与水环境接触的程度，叶的形态构造有所差异，这种异叶现象在许多水生植物中都可见到。例如，慈姑最初长出的是狭带形沉水叶，之后为卵形浮水叶。

（五）主题活动四：同沙生态公园鳞翅目昆虫多样性初步调查

1. 活动时间：2010年8月21日～8月23日。

2. 活动地点：同沙生态公园和东莞市第一中学实验室。

3. 主要参与成员：罗钰怡、傅柳仪、吴丽香、刘焕萍、刘智瑾、叶敏、黄子媚。

4. 研究过程及成果。

2010年8月21日至23日，我们连续进行此活动。本活动包括"野外捕捉"和"实验室标本制作与鉴定"两个环节。首先是野外捕捉，我们以路线法和网捕法在同沙生态公园捕捉鳞翅目昆虫，将其装入事先用报纸做好的三角纸袋中，每天将捕捉到的标本带回学校实验室，并放在回软器中，然后统一制作标本。8

月23日晚上，我们先进行一个标本制作培训，然后学生动手制作（见图2-6-5-12、图2-6-5-13）。制作流程：制作泡沫凹槽和纸条→插针→展翅→鉴定→保存。

图2-6-5-12　制作培训

图2-6-5-13　展翅结束

通过鉴定，我们最后得到共3科10种昆虫，见表2-6-5-4。本次活动提高了学生对动物的热爱，激发了学生探究动物世界的欲望。我们边活动边探讨昆虫方面的知识，在这种其乐融融的氛围中，学生懂得了很多，真正做到了寓教于乐、寓学于乐、寓做于乐，从而提高了学生的生物科学情怀。

表2-6-5-4　同沙生态公园鳞翅目昆虫多样性调查结果

科名	种名	简介
粉蝶科	菜粉蝶	菜粉蝶的寄生植物有十字花科、菊科、旋花科、百合科、茄科、藜科、苋科等9科35种，主要危害十字花科蔬菜，尤以芥蓝、甘蓝、花椰菜等受害比较严重
	梨花迁粉蝶	翅长约2.6 ~ 3.2 cm，属中型蝴蝶。翅膀腹面水青色，布满褐色波纹细纹。雄蝶前、后翅背面底色为白色，中室端有一小黑圆斑，前翅端及外缘有黑色纹。雌蝶前后翅背面底色为白色，前翅前缘、端角及外缘的黑带纹较雄蝶宽大。幼虫以望江南、水黄皮等植物为食
	黑框黄蝶	色彩由黄至深橙色不等。雄蝶的特征是前翅有黑色边缘，后翅缘窄。雌蝶色彩较浅，缀有更分散的暗斑。幼期：幼虫为绿色，背部有条纹，两侧有黄条。以山扁豆属植物为食

科名	种名	简介
蛱蝶科	小三线蝶	下翅腹面红棕色，中央的白色带特别粗宽，且两端约略同宽。雌雄无明显差异。除了冬季外，成虫生活在低海拔山区。喜访花、吸水与腐果
	红三色蛱蝶	具有十分独特的红褐色。雄蝶腹面为红褐色，缀有白斑，与背面相似；后翅有醒目的黑斑色带，还有一条由较大的粉橙色组成的带。雌蝶常为马缨丹吸引
	蓝带环纹蝶	前翅有一条宽阔的淡蓝色对角色带。雌蝶则具有暗黄色带。腹面的颜色从褐色到粉蓝色不等，有黑线纹
灰蝶科	短尾褐小灰蝶	雄蝶为紫蓝色，雌蝶为褐色，其前翅中央和后翅基部有蓝色光泽。两性的腹面为淡灰褐色，饰有白色波状线纹。幼期：绿色幼虫食蓝雪紫花苜蓿和其他豆科植物的芽
	灰纹小灰蝶	雄蝶前翅呈锐角三角形，带有一白斑。雌蝶前翅则较宽且圆，后翅为淡褐色。幼期：幼虫尚无详细描述，但知其取食粉蚧科蚧壳虫
	高山小灰蝶	雄蝶蓝灰色，雌蝶红褐色。两性腹面皆为灰褐色，前翅有白色斑纹和黑色斑点

（六）主题活动五：同沙生态公园污染情况调查及参观东江污水处理厂

1. 活动时间：2010年8月23日～2010年8月24日。

2. 活动地点：同沙生态公园、东莞市第一中学实验室、东江污水处理厂。

3. 研究过程及成果。

同沙生态公园的前身是山林良田和池塘水库，同沙水库是同沙生态公园的重要组成部分。在夏天的时候，公园内的荷花池是一道亮丽的风景线，旁边的池塘中也可以看到白鹭飞舞觅食，在早晨的时候还可以看到许多垂钓的人。那么这里的水质到底怎样？我们兴趣小组的学生通过观察、比较和实验等方法，对同沙生态公园中的水质进行了调查研究。

（1）水质调查

主要参与成员：郭佩欣、黄丽娟、韩斯雅、王汝恩。

在公园中，我们观察到不少水域有死鱼出现，并且发现地势越低的地方，水质看起来越差，初步分析，水体已经受到了一定程度的污染，为了了解水质情况，我们进行了水样抽查活动。

8月22日～24日，我们在水库不同水域分别取样两次，时间分别是早上9：00和下午5：00，然后把水样拿回实验室，晚上兴趣小组的学生就对水样进行了检测，主要是观察水样的清晰度、检测水样的酸碱度，然后我们把水样带到东江污水处理厂，借助他们的实验设备进行更详细的检测。

与此同时，我们走访了园区的工作人员，从调查中得知，污染物的来源主要有两个途径：一是大岭山镇直接排放过来的污水；二是园区中游客乱扔垃圾现象严重，而这些垃圾又被风或雨水带入水库中，导致水受到一定程度的污染。人们把未经处理的污水直接排放进水库已经对生态公园里的野生虾类、蟹类、鱼类、鸟类等动物的物种多样性造成了严重的威胁，污水里的各类化合物和重金属对水体造成了严重污染，水库已经不适合某些水生生物生存了，鱼类的死亡对水体又造成二次污染。（见图2-6-5-14至图2-6-5-17）

图2-6-5-14　学生在取水样

图2-6-5-15　酸碱度检测

图2-6-5-16　满是垃圾的水库一角

图2-6-5-17　水库中的死鱼

（2）参观东江污水处理厂

主要参与成员：全体夏令营成员。

在本次夏令营活动中，我们通过观察同沙水库的水质情况，对东莞现有的污水处理情况产生浓厚兴趣，因此联系了东莞市东江污水处理厂。在参观之前，活动组专门设置了污水处理调查问卷，把想要了解的问题逐一罗列出来，参观的过程中，我们知道了东莞市东江污水处理厂占地面积约16万平方米，日处理生活污水能力为20万吨、清掏粪便150吨，是东莞市目前采用二级处理最大的一家生活污水处理厂和唯一的一座粪便无害化处理站。污水、粪便收集范围：莞城区、南城区、东城区的全部生活污水和清掏粪便，万江区的清掏粪便和生活污水。服务面积62万平方千米，服务人口49万人。通过参观污水厂，大家对珍惜水资源、爱护环境有了更深刻的感受，具有非常现实的作用。（见图2-6-5-18至图2-6-5-20）

图2-6-5-18　污水厂简介

图2-6-5-19　待处理的污水

图2-6-5-20　污水处理设备

本次夏令营还开展了底栖生物种类和数量调查、鸟类多样性观察、认识水域生态系统的组成等活动，这些活动大大开阔了学生的视野，给学生留下了深刻的印象，有助于学生更好地理解高中生物教材中的相关知识，自然界的现象极大地丰富了课本内容，而课本知识又能更好地指导学生认识自然、感受生活。

（七）活动效果及收获体会

本次活动用10天做准备，野外活动4天。活动时，我们白天在同沙生态公园考察，夜间整理资料、总结和培训第二天的活动，每天都很辛苦，流了很多汗，但是过得很充实，给平淡的暑假生活塑造了一个心灵景区。这是一次很有意义的综合实践活动，我们收获很多、体会很深。具体总结如下：

1. 通过亲历自然，学生在城市的"绿肺"里欢畅地呼吸着新鲜的空气，藏身于自然，感悟自然的神奇与博大，让学生从心灵深处热爱上了大自然，激发了学生与自然和谐相处的强烈愿望。

2. 我们通过植物多样性考察和鳞翅目昆虫多样性考察，共调查植物12科56种，其中入侵植物专项调查初步结果有5种，鳞翅目昆虫有3科10种。学生深刻了解了生物的多样性，认识了生物多样性的重要性，认识到生物的多样性是世界多姿多彩的基础，美好的东莞未来需要学生们去保护、去创造。我们保护自然、保护环境的心态逐渐升温，对将来东莞的发展大有裨益。

3. 通过对同沙生态公园污染情况的调查，我们发现池塘中有很多死鱼，特别是池塘进水口处死鱼较集中，说明水中含有大量的有毒成分，而且有毒物质是由进水口排入的。通过对水质的透明度和酸碱度测定，我们发现，水的透明度偏低，水体偏酸性。综上所述，同沙水库是东莞的第二水缸，同沙水库水质不容乐观，我们希望有关部门做进一步调查并解决水质问题。

4. 通过开展参观东江污水处理厂的活动，参观学习污水处理知识，学生们详细了解了污水处理厂的设备和污水处理过程，知道了污水处理的原理，认识到污水治理的困难，治理水污染是一件耗时耗力耗财的事情，认识到先污染后治理的错误性。通过参观活动，我们体会到人类过度地干预和掠夺式开发将破坏生态系统的稳定性，随着水体污染持续进行，环境会进一步恶化，环境的恶化使人类的生存和文明的传承受到严重的威胁，我们要尽量减少对水资源的污染和破坏。

5. 通过外来物种入侵状况的调查，学生目睹了外来物种肆虐生态公园的景象，感受到了环境保护与治理的紧迫性，并积极呼吁各级部门加强外来物种的监管和治理，这提高了学生的社会责任感和主人翁意识。

6. 在整个考察活动中，教师作为组织者和咨询者，把更多的策划交给了学生，完全由学生自愿组队，自主选择侧重考察的主题、自行实践，提高了学生开展实践活动、探究活动和创新活动的积极性，学生掌握了科学探究的一般方法和步骤，切实提高了中学生所欠缺的科学素养；同时在分工与实践中提高了学生的组织能力、表达能力和协作能力。更重要的是，通过实践活动，学生对环境保护有了切身体会和深刻感受，对环境保护的态度有了较大变化，从此，学生们真正成了环保活动的倡导者和践行者。

参考文献

[1] 周云龙.植物生物学[M].北京：高等教育出版社，1999.

[2] 李振宇，解炎.中国外来入侵种[M].北京：中国林业出版社，2002.

[3] 安鑫龙，李婷.凤眼莲的生态特征[J].水利渔业，2007，27（4）：82-84.

[4] （英）大卫·卡特.全世界500多种蝴蝶彩色图鉴[M].北京：中国友谊出版公司，2007.